핸드폰 사진 시로 읽는 학교 이야기 100

학교,
시가
되다

학교, 시가 되다

초판 1쇄 인쇄 2022년 11월 23일
초판 1쇄 발행 2022년 11월 30일

지은이 김영숙
펴낸이 김승희
펴낸곳 도서출판 살림터

기획 정광일
편집 송승호, 조현주
북디자인 꼬리별

인쇄·제본 (주)신화프린팅
종이 (주)명동지류

주소 서울시 양천구 목동동로 293 2215-1호
전화 02-3141-6553
팩스 02-3141-6555
출판등록 2008년 3월 18일 제313-1990-12호
이메일 gwang80@hanmail.net
블로그 http://blog.naver.com/dkffk1020

ISBN 979-11-5930-242-8 03370

핸드폰 사진 시로 읽는 학교 이야기 100

학교, 시가 되다

김영숙 지음

살림터

학교,
삶을 배우는
처음과 끝

어릴 적 걸어서 한 시간도 넘게 걸리는 이모네 집에 자주 갔다. 우리 집엔 없던 책들이 무궁무진해서…. 그렇게 책을 좋아하는 아이로 불렸다. 초등학교 3학년 국어 시간에 쓴 글로 담임선생님께 칭찬을 받고 상장도 받았다. 그 희열로 글쓰기를 시작했고 공부도 열심히 했다.

어른이 된 그 아이는 학생들과 문학을 공부하고 함께 시(詩) 쓰기를 하는 행복한 국어 교사이다. 중학생들과 함께 10여 년 동안 글쓰기 문학동아리를 하고 있다. 또한 주말에는 이 주일에 한 번씩 부설 방송통신중학교 어르신 학생들의 국어 수업과 글쓰기 동아리도 함께하고 있다. 한 공간에서 세대를 잇는 글쓰기를 하고 있는 셈이다. 순수, 명랑, 쾌활한 사춘기 중학생들의 감성에 설레기도 했다가, 오랜 시간 농익어 온 어르신들의 지혜에는 저절로 머리 숙여 감사해지는 시간을 살고 있다.

교사로서 학교에 머물렀던 36여 년의 시간이 지나가고 있다. 이제 정년이 다가오니 하지 못한 일에 아쉬움이 남는다. 그래서 마지막 근무하는 학교의 최근 4년을 기록으로 남기고 싶다.

학교라는 공간, 학교에서의 시간, 학교에 머무는 사람들의 이야기를 하고 싶다. 주변의 사물과 사람들을 자세히 들여다보았더니 관심이 생기고, 사랑이 싹튼다는 것을 전하고 싶다. 아이들이 찍어 온 핸드폰 사진으로 시 쓰기 수업을 했던 경험도 나누고자 한다.

　더불어 우리 아이들의 학교생활을 궁금해하는 어른들과 관련 사진과 글을 통해 청소년들을 이해할 수 있는 시간을 나누고 싶다.

　문학동아리 수업을 하면서 느꼈던 문학소녀들의 감성과 목포 구석구석의 풍경을 담고 싶었다. 목포 문학 작품을 감상하고 작품에 언급된 문학길을 걸으며 목포 문학을 따라 썼다. 이런 사례들이 문학동아리 활동과 글쓰기에 관심 있는 학생과 교사들에게 도움이 되었으면 한다.

　방송통신중학교 담당 교사로서 늦깎이 중학생 어르신들께 배운 감동을 여러 사람과 나누고 싶다. 아직 배움의 길에서 망설이는 이들에게 용기와 격려를 보내며 오랜 삶의 지혜를 보여 주신 어르신들께 감사의 마음을 전한다.

　아울러 36년 차 교사의 학교와 교육, 학생들에 대한 소박한 진심이 모든 이들에게 전해졌으면 한다.

학교 안팎의 청소년들에게 이 책을 바칩니다.
학생 시절을 지나온 어른들에게 이 책을 바칩니다.
배움의 길에 있는 어른들에게 이 책을 바칩니다.

2022년 가을
가르치고 배우는 길에서
김영숙 드림

차례

제2부   목포, 문학소녀들 이야기

제1부

14살 중학생 이야기

제1화

입학식
풍경을
보다

2020년 느닷없이 코로나가 몰려온 해, 등교수업이 확정되지 않아서 입학식을 4월에야 할 수 있었다. 코로나와 함께 입학했던 아이들은 벌써 3학년이다. 마스크 쓴 아이들을 구별하긴 어렵다. 우스갯소리로 "마스크 벗지 마라. 얼굴 몰라본다"라고 말하곤 한다.

2021년 3월 초에 입학식을 하면서 졸업식 땐 강당에서 마스크를 벗고 할 줄 알았다. 웬걸 2020~2021학년도 졸업식도 결국 방송실에서 교장 선생님과 몇몇 대표 학생만 참가하여 진행했다.

어느새 2022년, 코로나 3년째를 맞았다. 올해도 방송실에서 입학식을 했다. 어김없이 봄은 왔다. 그리고 아이들은 성장한다.

코로나 입학식

코로나 시대의 입학식에선
아이들 얼굴은 안 보이고
마스크만 보인다
마스크들의 입학식이다

마스크에 가리어진
보이지 않는 입술이 움찔한다
마스크에 가리어졌으나
초롱초롱한 검은 눈동자가 말한다

한 손을 올리고 선서한다
우리는 항상 마스크를
우리는 항상 손 씻기를
우리는 항상 친구들과 거리 두기를
우리는 항상 자가검진을 잘하겠습니다

지루한 정적이 흐르는 교실에선
이 모든 것이 끝나기를 기도한다
두 손 모아

제2화

중학생
첫 시 쓰기
수업

중학교 1학년 3월, 국어 시간이다. 윤동주의 〈햇비〉를 크게 낭송해 보자. 비록 마스크로 우리의 입은 가렸지만…. 맞아 주자 다 같이 햇비처럼, 윤동주 시인의 순수한 감성을…. 첫 시 쓰기 수업이다.

"가장 인상적인 사진을 골라 느낌을 시로 써 보자. 그렇게 하면 시에 다가서는 게 어렵지만은 않을 거야."

오랜 망설임 끝에 계단 사진을 고른 너. 삶의 첫 계단 앞에 서 있는 너에게 응원을 보낸다.

운동화 끈을 잘 묶고, 첫걸음만 뗄 수 있다면 어느새 계단의 오르막을 오르고 저 끝에 닿을 수 있을 거야.

계단 앞에 선

자그마한 키에 질끈 묶은 머리
검은 안경테 너머로
검은 눈동자 또랑거리며
하얀 조약돌 같은 목소리로
자기소개를 하던 너

중학교에 입학해서
가장 하고 싶은 일은
공부도 잘하고 싶고
좋은 친구도 사귀고 싶다던 너

작은 손가락 사이
검은 볼펜을 꽉 쥐고
또박또박 힘주어 쓴 시를
독립선언문 낭독하듯 또랑또랑 읽던 너

너는
저 높은 계단 앞에
직립으로 서 있구나

제3화

네가
앉아 있던
계단

　문예 공모에 참가하는 학생들 원고를 우편 발송해야 하는 마감일
이었다. 급히 계단을 내려오다 쪼그리고 앉아 있는 너를 보았다.

　"이○○ 선생님, 그 학생 1학년 X반인가 Y반일 겁니다. 4층에 1학
년 부장 쌤 아직 퇴근 안 하신 것 같더라고요. 제가 지금 바빠서 그
런데, 그 아이 거기로 데려다주세요! 미안해요, 부탁해요!"

　다음 날 수업에 들어갔더니 너는 잃어버렸다던 하늘색 패딩점퍼를
찾아 입고 맨 앞자리에 앉아 있었더구나.

　나중에 1학년 부장 선생님께 들었더니, 너랑 학교 구석구석 찾아
헤매다가 체육관에서 찾았다고 하더라. 다행이다!

다행이다

내려가는 계단 끝에
쭈그리고 앉아 있던 너
두 무릎 사이 고개를 푹 묻고 있던 너
헝클어진 머리카락, 꽃핀은 울고

아직 추운 3월, 겉옷을 잃어버리고
보푸라기가 애벌레처럼 꾸물거리는
베이지색 스웨터만 입고
가여운 어깨를 떨고 있던 너를
두고 왔다. 그날 오후

옷은 찾았니?
다른 선생님이랑 함께 잃어버린 옷을 찾았어요
다행이어요
찬 바람 맞은 복숭아처럼 웃던 너, 부끄럽게

계단을 오르며 계단을 내려오며
그날 오후의 너를 생각한다
다행(多幸)이다. 함께여서
다(多), 행(行)이다.

제4화

어깨동무하는
아이들

띠리띠리 띠리리링! 12시 30분 4교시 끝나는 종이 울리면 학생들은 누가 먼저랄 것도 없이 총알같이 아니 총알보다 빠르게 급식실로 달려간다.

모든 학생이 급식실에 들어갔는데 맨 나중에 어깨동무하고 가는 아이들을 포착했다.

다리가 불편한 친구를 부축하고 가는 모양이 벽화의 아이들을 닮았다. 실제로 아픈 친구를 부축하는 것인지, 아니면 장난삼아 따라 하는 것인지 모르지만 아름다운 모습이다. 아이들에게 보이는 모든 것은 학습된다. 문득 나의 뒷모습이 신경 쓰인다.

어깨동무

급식실 앞
등나무 아래 서 있다
서로 기대어 선 등나무들
뼈만 앙상하고
푸른 잎도 보라색 꽃도 없다
교실엔 아직 찬 기운 콜록거리는데

3월 등나무 아랜
봄 햇살이 얼기설기
엮어 놓은 그림들 따스하다
햇살의 그림들 따라가면
급식실 앞 타일 벽화도
따스한 봄 햇살에 반짝인다

봄 햇살에 깨어난
벽화 속 아이들
슬그머니 걸어 나와
어깨동무하며 가고 있다

제5화

코로나 시대
급식실
입장하기

4교시가 끝나면 아이들은 달린다. 급식실을 향하여…. 마침내 학교에 온 보람을 만끽하는 시간이기도 하다. 그런데 그들이 속도를 늦추고 결국 멈춰 설 수밖에 없는 구간이 있다.

코로나 시대, 맛있는 점심을 먹기 위해선 거리 두기를 하고 체온 체크를 하고 "정상입니다!"란 합격 소리를 들어야 급식실에 입장할 수가 있다.

식구(食口), 함께 밥을 먹는다는 것은 얼마나 끈끈한 말인가? 함께 맛있는 음식을 먹으며 담소(談笑), 웃으며 이야기를 해야 하는데 우리는 그냥 먹기만 한다. 누구라도 얘기를 할라치면 '식사 중 대화 금지'라는 빨간 문구가 우리를 노려본다.

14살 중학교 여학생들은 얼마나 할 얘기가 많고 웃음 참기가 얼마나 힘들겠는가? 그런 아이들에게 손가락을 입에 대고 "쉿!" 할 때 짠한 마음이 드는 건 또 어쩔 수가 없다.

"선생님, 우린 언제 마스크 벗고 제대로 얼굴 볼 수 있어요?"

코로나와 함께 입학한 3학년 학생들이 체념과 낙담이 섞인 목소리로 툴툴거린다.

"그러게 말이다. 그래도 시간은 흐르고 우린 살아가고 있구나!"

Life Goes On!

식구를 위하여

급식실 앞
오래된 질그릇 화분도
모든 것이 낯설었다
설마 이렇게 마스크를 오래 쓸지
3달 6달 1년 2년 그리고
속절없이 시간은 흐르고

마스크는 알 수 없는 얼굴이 되고
오직 인식 가능한 칩은
껌벅거리는 검은 눈
급식실 문을 통과할 땐
정상입니다 벨소리에 조건반사처럼
움직이는 우리 학교 식구들

꽃피고 지며 봄 여름 가을 겨울
시간을 견뎌 온
질그릇 화분 장미꽃들도
바람결에 가시 손 흔들며
응원합니다. 식구들
함께 꽃 피우자고

제6화

밀걸레
줄 서다

　벚꽃잎 하늘로 날리며 봄바람 산들산들 불어오는 날, 수돗가 앞에 밀걸레들이 나란히 줄을 서 있다. 금방 청소를 끝낸 걸레에선 물이 뚝뚝 떨어지고 있고, 청소를 건너뛴 걸레는 꾸들꾸들 말라 있다.

　교실 바닥의 얼룩, 의자나 책상다리에 엉겨붙은 머리카락과 먼지들, 책상 위의 낙서들, 유리 창틀의 먼지, 복도 구석에 슬그머니 두고 간 사탕 봉지 등… 신경이 영 거슬리는 것들이 많다. 아이들에게 아침저녁으로 잔소리를 해도 시큰둥하니, 이젠 말보다 그냥 내 손이 먼저 간다. 자기 주변 청소하는 것도 교육이니 몸소 빗자루 들고서 함께 하자고 한다. 그제야 아이들도 슬그머니 움직인다.

뒷담화

수돗가에 밀걸레들이
철봉에 매달리듯
대롱대롱 걸려 있다
소근거리는 수다에 귀가 간지럽다

오매 봄바람이
살랑살랑 불어온다야
젖은 몸 말리기 딱 좋은 날이당께

아따 오늘 힘들었당께
우리 반 애기들이
바닥에 흘린 아이스크림 국물 닦느라
아즉도 몸땡이가 끈쩍끈적하당께

아따 말도 말드라고
우리 반 아그들 의자 다리에
엉거붙은 머리카락이
껌딱지같이 내 몸에 딱 붙어 있당께

오매 사삭스렁거
요새 아그들 무던한 거 몰랐당가
지그들 발꿈치는 못 보고
우덜 보고 걸레라고 한당께

옴맘마 걸레가 어때서 그랑당가
시상에 걸레가 얼마큼 중한디

제7화

창 너머엔
벚꽃 동산

4월 국어 시간, 하얀 종이 위에 사각사각 연필 굴리는 소리만 들린다. 아이들은 금세 자신의 시간에 풍덩 빠져서 글을 쓰고 있다. 그런데 조용한 시간의 흐름을 깬 한 아이의 신음 소리가 들린다.

"아! 미치겠다."

글을 쓰다 생각이 안 나서 문득 창밖을 내다본 모양이다. 힘든 글쓰기 때문인지 창밖으로 보이는 흐드러진 벚꽃 때문인지….

다른 아이들 글쓰기에 방해될까 봐 그 아이를 보며 작은 소리로 "쉿!" 하고 오른손 검지를 입술에 갖다 댄다. 그런데 이러는 나도 미치겠다. 흐드러지게 핀 하얀 벚꽃 나무에게로 달려가고 싶어서.

미친 국어 시간

감동과 즐거움을
글쓰기로 하란다
의미 있는 경험을 떠올리란다

느끼거나
깨달은 점을 쓰란다
글의 내용을 조직하란다

중심 생각이 드러나게
제목을 정하란다
비유나 상징으로
다양하게 표현하란다

근데 미치겠다
창밖에 하얀 벚꽃 때문에
머리가 어질어질하다
환장하게 이쁘다

미치겠다. 그냥 쓰라고?
그럼 미친다고….

제8화

운동장에서
팔방치기

　봄 햇살, 봄바람이 아이들을 운동장으로 불러냈다. 등나무 벤치에
는 따스한 햇볕이 아직은 앙상한 등나무 가지마다 그림자를 그리고
있다. 아이들은 운동장 바닥에 돌멩이로 팔방을 그리고 폴짝폴짝 뛰
면서 팔방치기를 하고 있다.

　학생주임 선생님이 소리친다.

　"얘들아, 운동장에서 실내화 신지 말고 운동화 신어라!"

　"네! 선생님! 우리는 진즉 운동화 신고 나왔는데요. 선생님은 안 보
이세요? 안 보이나 봄!!"

　"아, 그렇구나! 너희들에겐 봄이 먼저 왔구나! 봄!"

팔방치기

구르는 돌멩이 주워
쭈욱 선을 긋는다
봄기운에 얼굴 달아오른 운동장
흙먼지 가늘게 입김을 분다

돌멩이가 그린 직선들
모두 이어 팔방이 되고
너와 나, 팔방 사이에 던져진
사금파리가 날카롭게 반짝거린다

단발머리 나풀거리며
깨금발로 폴짝폴짝 뛸 때마다
제 발보다 큰 하얀 운동화가
발꿈치 아프게 들락거린다

팔방치기를 하는
아이들 어깨 너머 파란 하늘엔
몽실몽실 흰 구름이
사방팔방으로 봄 마실을 간다
그렇게 하루가 간다
열두 달이 가고 세월이 간다

제9화

무궁화 꽃이
피었습니다

급식실에서 점심을 먹고 햇볕이 너무 좋아서 운동장 한 바퀴 걸었다. 통합교육지원반 선생님들께서 학생들을 데리고 '무궁화 꽃이 피었습니다' 놀이를 하고 있다.

우리 학교는 일반 학교에 특수학급을 두고 특수교사가 이들을 담당하지만, 일반 학급에서 비장애 학생들과 함께 수업을 하기도 하는 통합교육을 하고 있다. 통합교육지원반! 예전에는 특수반이니 도움반으로 불렸는데 통합교육지원반이란 적절한 이름을 찾은 것 같다.

급식실에서 점심을 먹고 나오던 학생들이 "무궁화 꽃이 피었습니다" 소리에 냅다 뛰어가 놀이를 따라 하고 있다. 봄 햇살이 따스하게 고루 내리쬐는 운동장에서 아이들에게 장애나 비장애의 구분은 없다.

"모든 국민은 성별, 종교, 신념, 인종, 사회적 신분, 경제적 지위 또는 신체적 조건 등을 이유로 교육에서의 차별을 받지 아니한다"라는 「교육기본법」 제4조 제1항을 굳이 상기하지 않더라도….

무궁화 꽃이 피었습니다

하얀 햇살이
고루 내린 운동장에
아이들이 뛰어놉니다
"무궁화 꽃이 피었습니다"

술래가 등을 돌리고 벽을 봅니다
"무궁화 꽃이 피었습니다"
술래가 뒤를 돌아봅니다
움직이는 사람 나와라

술래가 등을 돌리고 다시 벽을 봅니다
"개나리꽃이 피었습니다"
"할미꽃이 피었습니다"
"나팔꽃이 피었습니다"
"해바라기꽃이 피었습니다"
술래가 다시 뒤를 돌아봅니다.
움직이는 사람 다 나와라

무궁화 꽃이 피고
모든 꽃이 다 피었습니다
다, 꽃입니다

제10화

등나무
꽃향기는
날리고

4월 중순, 급식실 가는 길목에 줄지어 늘어선 등나무가 보랏빛 꽃들을 주렁주렁 탐스럽게 피워 냈다. 우리 학교 졸업생들의 사진첩엔 봄날 등나무 아래 벤치에 친구들과 두런두런 이야기를 나눴던 추억의 사진 한두 장은 꼭 있을 것이다.

등나무는 이제 완연한 봄이 왔음을 알린다. 그리고 모든 꽃이 앞다퉈 피어나는 계절의 여왕 5월을 우리에게 불러오는 것이다.

문득 4월 등나무 꽃 보랏빛을 닮았던 그 아이가 생각난다. 등나무 꽃 벤치에서 친구들 이야기를 하며 슬쩍 눈물을 보였던 아이.

그 아이 어디쯤에서 아름다운 보랏빛 향기로 살아가리라.

등나무 꽃을 흔드는 바람

고개를 들어 봐
하늘을 봐
연보랏빛 등나무 꽃 주렁주렁한
틈으로 파란 하늘이 꽃구름을 그렸어
그 틈으로 비친 햇살에도
눈이 시려서 눈물이 나

고개를 숙여 봐
땅바닥을 봐
잿빛 등나무 줄기 얼기설기한
틈으로 동아줄 같은 뱀들이 엉키며 올라가
그 틈으로 드리운 꽃그늘에도
가슴이 아려서 눈물이 나

등나무 꽃을 흔드는 바람이 있어
댕그랑댕그랑 방울 소리 울리며
틈으로 틈으로 번지는 꽃향기에
코끝이 취해서 눈물이 나

등나무 꽃을 흔드는 바람이 있어
그곳엔 네가 있어

제11화

붉은 장미꽃과
체육 한마당

 2022년 5월 20일, 체육 한마당이 3년 만에 열렸다. 코로나로 멈춰섰던 일상이 서서히 돌아오는 듯하다. 2020년 코로나19의 시작으로 입학식도 제대로 치르지 못한 학생들이다. 입학식, 야외체험학습, 운동회, 수학여행 등 어디 못 해 본 것이 한둘이겠는가? 2년 동안 억눌렸던 아이들의 끼가 운동장에 함성으로 퍼진다.

 반마다 개성 있는 반티를 입고 운동장을 화려하게 수놓고 있다. 붉은색 해병대복, 하얀색 축구복, 초록색 새마을복, 씩씩한 환자복, 화려하고 다양한 패션이 볼만하다. 급식실 앞 하얀 철책을 따라, 붉게 피어난 장미 덩굴이 아이들의 웃음소리와 함성에 담을 넘어간다.

붉은 장미꽃 담을 넘다

오월, 오늘 뭔 일이래
날이 너무나 좋아
어머나, 아이들이 다 나왔어
운동장이 꽉 찼어
운동회를 한다잖아

어머나, 마스크 벗은 아이들
얼굴 좀 봐
저렇게 말갛고 예쁜 얼굴들
뛰고 달리는 땀방울들

어머나, 패션도 기가 막혀
붉은 해병대, 하얀 축구복
새마을 티셔츠 밀짚모자
개구리 군복, 경찰 남방, 블루 환자복

하얀 철책 담장
기어오르는 붉은 장미꽃
흙 속 뿌리내린 발이 너무 근질근질해
울타리 사이로 보이는 세상이 궁금해
오늘은 어쩔 수 없어. 담을 넘어가야겠어

제12화

체육관에서
내 편
네 편

체육관에서 아이들이 피구를 한다. 피구는 일정한 구역 안에서 두 편으로 갈라서 한 개의 공으로 상대편을 맞히는 공놀이다.

예전부터 학교 체육 시간이면 가장 많이 하던 경기 종목이었다. 피구 공과 사람 그리고 선 그어진 바닥만 있으면 된다. 아주 소박한 운동인데도 아이들의 눈은 반짝반짝 빛난다.

체육부장이 큰 소리로 이른다!

우리 파이팅하고 절대 단독행동 하지 말고, 서로 협동하자. 상대가 잡을 준비를 이미 했다면, 패스를 하자. 낮게 던지자. 하체 쪽으로 오는 공은 상체 쪽으로 오는 공보다 피하기가 어렵다.

공을 피할 생각만 하지 말자. 제발 공을 갖고 시간 끌지 말자.

금을 넘지 않도록 조심해. 혹시나 공이 올 때 진짜 못 피할 것 같으면 최대한 무릎을 숙이고 자세를 낮춰라.

지금부터 경기 시작이다. 끝날 때 끝나더라도 물러서지 말자.

오! 피구

안에서 공을 피할 때는
떨어져, 뭉쳐 있으면 다 죽어
피하지만 말고 잡어, 어차피 죽어
공을 잡았으면 바로 던져, 틈을 주지 마
항상 자세를 낮춰, 그래야 맞지 않아
공이 날아오면, 등지고 도망가지 마

바깥에서 공격할 때는
먼저 죽어서 밖으로 나가, 공을 잘 던진다면
공을 계속 돌려, 상대가 지치게
모서리 편법을 써, 날아가는 공을 낚아채

모두 명심해
서로 협동해, 혼자 하지 말고
다음으로 넘겨, 상대가 이미 눈치챘다면
낮게 던져, 아래로 오는 공은 피하기 어려워
피할 생각만 하지 마, 어차피 죽어
선을 넘지 않도록 조심해

오! 피구
공을 피하며 공을 얻는다

제13화

학생부 옆
교장실에 가면

1층 학생부 옆 교장실엔 점심시간이면 아이들이 들락거린다. 무섭
고 어려워하던 학생부실이나 교장실 문턱이 언제부턴가 낮아졌다. 초
록 탁자 위에 놓인 사탕의 유혹 때문만은 아닐 것이다.

40여 년 전 중학교 3학년 때, 교장실에 불려간 일이 있다. 잘못한
것도 없는데 벌벌 떨면서 갔다. 교장 선생님께서 우등생 몇을 불러
격려하시곤 아이스크림을 나눠 주셨다. 그때 처음으로 맛본 부라보
아이스크림, 달콤한 신세계의 맛이었다. 지금도 기억난다.

요즘 명랑한 아이들은 누구든 교장실에 들러 사탕을 먹고 수다를
떨다 간다고 한다. 음, 사탕이 곧 사랑의 다른 이름일 수도 있겠다.

사탕 혹은 사랑

사탕은 달콤하다
순간의 달콤함이
잠시 쓴맛을 잊게 해 준다

누가 내게 사탕을 다오
순간의 사탕발림일지라도
잠시 쓴맛을 잊고 싶다

눈물이 차올라서
목 안이 답답할 때
사탕이라 쓰고 사랑이라 읽는다

사탕을 내미는 손
사랑을 내미는 손
그 순간은 사탕이고 사랑이다
순간들이 모여서 영원이 되길
사탕으로 얻은 힘으로
눈 크게 뜨고 앞으로 나아가길
사탕이라 쓰고 사랑이라 읽는다
사랑이라 쓰고 사탕이라 읽는다

제14화

피아노
소리에
홀려서

햇살이 좋은 봄날, 점심을 먹고 교정을 거닐었다. 그때 어디선가 피아노 소리가 들려왔다. 피아노 소리에 홀려서 계단을 올라갔다. 급식을 먼저 먹은 2학년 학생 몇이 즐겁게 연주하고 있었다.

"우와, 우와! 잘한다! 멋지다!" 감탄사를 연발하며 손뼉을 쳤다. 작년에 1학년 국어 수업을 함께했던 아이들이었다. 1년 새 키도 부쩍 컸고 얼굴도 의젓하게 성숙해졌다. 소녀들의 시간이 보였다.

"얘들아, 피아노는 언제 배웠냐?"

"초등학교 6학년 때까지 배웠는데 지금은 학원 때문에 시간이 없어요. 너무너무 바빠요?"

피아노 소리

라라 라라 라라라-라-
명랑한 피아노 소리가
꽃바람 부는 중학교 음악실에서
살그머니 기어나오더니
점점 발랄하게 뛰어나온다

늦은 봄날 점심시간
나른하게 하품을 하며
노란 민들레꽃 핀 돌담 위를
느릿느릿 건너가던 고양이
두 눈을 동그랗게 뜨고
쫑긋 두 귀를 세운다
피아노 소리에 홀려

유리창을 두드리며
초록 나뭇잎을 흔드는
바람도 순간 숨을 꾹 멈춘다
피아노 소리에 홀려

제15화

하키채를 든
소녀

퇴근길에 하키부 아이들이 운동장에서 연습하는 걸 보았다. 우리 학교 하키부 아이들은 방과 후에 체육관이나 운동장에서 연습을 한다.

보통 방과 후에 아이들은 대부분 학교 근처의 학원에 다닌다. 대한민국에선 학교 끝나고 학원에 다니지 않는 아이가 거의 없는 듯하다. 무엇이 이렇게 획일적이고 조급한 교육 환경을 만들었는지? 모두가 다니는 학원에 나만 다니지 않으면 불안하다고 한다.

그래도 신기하게 자신이 좋아하는 운동을 하는 아이들을 보면 참 대견하다. 볼과 스틱, 그리고 사람이 하나가 되어 뛰고 달리는 모습이 필드하키의 매력이라고 한다. 기본기부터 익히고 있는 아이들의 땀방울이 빛난다.

또 다른 길을 선택한 너희들의 용기에 박수를 보낸다.

하키채를 든 소녀

학교 수업 끝나고
같은 꿈을 꾸는 아이들은
또 학원으로 가고
텅 빈 운동장
흙먼지 날리는 운동장에서
하키채를 든 소녀는
다른 꿈을 향해 날린다

딱, 딱, 딱
파열음을 내면서 하얀 공이
파란 허공으로 날아간다
딱, 딱, 딱
겨울 숲속에서
고목을 쪼는 딱따구리처럼
두 발 야무지게 버티고 공을 친다

딱, 딱, 딱
또 다른 꿈을 위해
하키채를 든 소녀들의
야무진 외침이 허공을 때린다

제16화

나는 얼마나
컸을까?

코로나19로 보건 선생님의 업무는 더 많아졌다. 그래도 보건실엔 학생들이 늘 들락날락한다. 참새가 방앗간에 들르듯이 매일 보건실에 들러 머리가 아프다 배가 아프다며 약을 달라고 보채는 아이도 많다. 어쩌면 사랑이 고픈 것인지도 모른다.

보건실 한 벽면에 놓인 키와 몸무게를 측정하는 기계 앞에서 아이들은 두 발끝을 세우고 키를 재 보고 있다.

"야, 나 키가 더 컸다! 내가 너보다 0.5 더 크다."

"우유를 많이 먹고, 저녁에 빨리 자, 키 크는 시간이 따로 있대."

"걱정 마! 아직 시간은 있어, 김연경 선수도 고딩 때 팍 컸대."

키가 크는 시간

맨 앞에 앉은
키 작은 아이
손도 발도 작다
그래도 작은 고추가 맵다
목소리는 또랑또랑
키가 크는 시간이 아직 남았어요

맨 뒤에 앉은
키 큰 아이
손도 발도 크다
목소리도 카랑카랑
키가 크는 시간이 아직도 남았을까

가운데 앉은 아이
손과 발이 작기도
손과 발이 크기도
목소리는 또랑또랑
목소리는 카랑카랑
키가 크는 시간이 따로 있어요
키가 크는 시간은 아무도 몰라요

제17화

방과 후
교실은
살아 있다

종례가 끝난 후 썰물처럼 아이들이 빠져나간 학교는 쓸쓸하다. 그래도 간간이 '방과후교실' 활동을 하는 아이들이 남아 있다.

미술실에서는 하얀 도화지 위에 수채화 물감을 풀어 색색으로 풍경을 물들이는 아이들의 손끝이 야무지다.

체육관에서는 배구공을 던지고 토스를 하며 풀쩍 뛰어오르는 아이들의 팔다리가 역동적으로 움직인다. 사방으로 날아가는 셔틀콕을 따라가며 배드민턴 채를 휘두르는 아이들 눈빛이 빛난다.

도서관에서는 구석구석 숨겨진 책들 속에서 보물을 캐내듯이 책을 읽고 토론하는 아이들의 목소리가 또랑또랑 울린다. 문학의 길을 따라 읽고 쓰는 아이들의 원고지에 아름다운 꿈들이 알알이 채워진다.

음악실에서는 아버지의 기타가 외로워 보여서 기타를 배우기로 했다는 소녀의 손끝에서 떨리는 소리가 만들어지고 있다.

가정실에서는 요리사를 꿈꾸는 아이들이 모여서 야채를 다듬고 고기를 썰어 프라이팬에 볶고 지져서 일품요리를 한 접시에 담아내고 있다.

과학실에서, 수학실에서 아이들이 남아서 배우고 익히며 무엇을 만들어 가고 있다. 방과 후 교실이 살아 있다.

살아 있다

선생님! 종례는 짧게 해 주세요

종례가 끝나자마자
아이들은 썰물처럼 빠져나간다
편의점에 들러 삼각김밥에 라면으로
뾰쪽한 샤프심처럼 예민한 허기를 채운다
두꺼운 영어단어장을 외우며
밀린 수학 학원 숙제를 풀며 간다

선생님! 우린 이제 뭘 할까요

방과 후 남은 아이들이
시를 읽는다 소설을 읽는다 그리고 쓴다
하얀 도화지에 사각사각 스케치를 한다
배구공을 높이 띄우고 힘껏 날린다
기타를 잡고 손끝을 굴려 소리를 만들어 낸다
과학실에서 수학실에서 무엇을 만들어 가고 있다
방과 후 남은 아이들이

방과 후 교실은 살아 있다

제18화

소중한 자녀
잘 가르치겠습니다

2019년 3월 20일 오후 6시 교육과정 설명회. 코로나가 유행하기 전이라 강당에서 학교 교육과정 운영에 대한 설명회가 있었다. 학교 교육과정, 학생 학력 및 평가관리, 방과후교육, 진로·진학 상담실 운영, 교육복지 프로그램, 나이스 학생·학부모 서비스, 고교 진학, 학생 생활규칙과 규정 등에 대한 안내가 이루어졌다.

설명회 후 각 교실에서는 담임과 학부모의 면담도 있었다. 초등학교에서 중학교로 올라온 1학년 학생들은 유독 긴장되고 떨릴 것이다. 아이를 학교에 맡긴 학부모님의 마음도 그러하리라.

소중한 자녀 잘 가르치겠습니다!

엄마들도 입학식

어젯밤 문을 쾅 닫고
자기만의 방으로 들어가 버릴 때
겨울 찬 바람이 쌩 불고
마음의 문이 닫히더라고요
사춘기의 절정인가요?

꽉 움켜쥔 모래알들이
손가락 사이로 힘없이 빠져나갈 때
바람 빠진 노란 풍선처럼
부들부들 몸이 떨려 왔어요
갱년기의 시작인가요?

처음(初) 노랑 아지랑이가 피어나고
순한 녹색 바람이 지나가고 검푸른 사나운 태풍이 불어오면
가운데(中) 중심을 잘 잡고
휘청거리는 외나무다리를 잘 건너야겠지요
그래야 더 높이(高), 더 클(大) 테지요

딸의 입학식에서 엄마들도 입학을 하고
함께 시간의 긴 터널을 지나면
딸은 엄마가 되고, 엄마는 엄마의 엄마가 되겠지요

제19화

주변 인물
면담하기

1학년 국어 1학기 마지막 단원은 '성장의 시간-면담하기'다. 열심히 살아가는 이웃을 면담하여 그들의 삶을 알아보는 활동이다. "가족이나 주변 인물의 직업에 대해 면담하고, 그 과정을 동영상으로 찍고 편집 발표하자"라고 수행과제를 제시했다.

말이 끝나자마자 학생들이 징징거리며 못 하겠다 아우성이다.

"쌤, 안 돼요! 엄마, 아빠가 바빠서 면담할 시간이 없어요."

"그럼, 이참에 국어 숙제를 핑계로 대화 시간을 만들어 보렴. 부모님 바쁘시면 주변 인물을 면담하면 돼. 음, 직접 만날 시간이 없다면 다른 방법을 찾아볼 수도 있지?"

"쌤, 안 돼요! 동영상 찍을 줄도 모르고 편집할 줄도 몰라요."

"누구에게나 처음은 있어. 시작해 보렴, 할 수 있어. 스마트한 핸드폰도 있고, 네*버나 유○브에 물어보면 사용법도 배울 수 있어."

결과는 놀라웠다. 엄마, 아빠, 언니, 오빠, 이모, 선생님 등 면담 대상자들은 진지했고, 당당한 목소리로 면담하고 동영상으로 편집 완성한 아이들의 얼굴은 뿌듯한 성취감으로 환하게 빛났다.

"그래, 뭔가 시도하면 뭔가 남는 거야!"

말하는 사람들

대화를 나눠 보셨나요?

눈웃음이 귀여운 딸이 묻고
눈웃음이 판박이인 자상한 물리치료사 아빠가 대답한다
힘들지 않은 일은 없단다 네가 좋아하는 일을 하렴
부드러운 목소리로 유치원 교사 엄마가 말한다
아이들을 기다려 주는 인내심이 중요하단다
가정주부 엄마가 당당하게 말한다
잘 자라 줘서 고맙다
하얀 소금창고 앞에 선 소금품질관리원 엄마가 말한다
햇볕에 그을리며 좋은 소금이 만들어진단다
항상 바쁜 간호사 엄마가 말한다
퇴원하며 고맙다 건넨 말 한마디에 보람을 느낀단다
분양상담사 오빠가, 화장품 판매원 언니가 말한다
건강하게 공부하면서 너의 꿈을 찾아보라고
초등학교 담임선생님이, 우리 수학 선생님이
우리 음악 선생님이 말한다
배우며 성장하며, 지켜보는 기다림은 위대하단다
일하는 사람들이 말한다
'고맙다'는 말을 주고받는 사람은 위대하다
모든 일하는 사람은 위대하다

대화를 나눠 보셨나요?

제20화

일용할
양식

급식실에 들어오기 전 열 체크를 하고, 꼼꼼하게 손을 씻고 안전거리(양팔간격)를 확보하고 줄을 선 아이들이 급식실의 메뉴판을 꿀 떨어지는 눈으로 바라보고 있다.

한 달 급식 메뉴표를 예쁘게 오려서 책상 위에 붙여 놓은 아이들도 있다. 학교에 즐겁게 오는 이유 중 하나가 급식실에서 먹는 점심이 맛있어서라는 아이들도 있으니 참 다행이다. 어떤 이유가 되었든 학교 오는 길이 즐겁다면 이 또한 얼마나 좋은 일인가?

푹푹 찌는 더운 여름날, 조리실 내부는 섭씨 50도에 육박한다. 뜨거운 증기와 습기가 가득하니 바닥은 미끄럽고, 여러 기계가 돌아가며 동시에 일을 하니 시끄럽다. 조리사님들의 땀과 눈물로 아이들의 한 끼 식사가 식판에 담기는 것이다. 아이들은 식판을 들고 저절로 "고맙습니다!" 밝은 목소리로 인사한다.

학교 급식은 성장기 아이들에 꼭 필요한 고른 영양 식단인 한 끼 식사이다. 그리고 친구들과 함께 먹으며 질서와 사회성을 배우는 배움의 시간이다. 학교에서 밥을 먹으며 몸과 마음이 자라는 것이다.

학교 급식은 아이들의 몸과 마음을 키우는 일용할 양식이다.

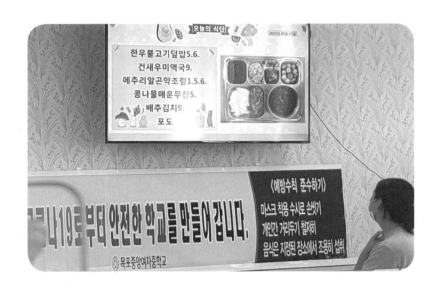

일용할 양식

송알송알 맺힌 땀방울
모락모락 뜨거운 김이
자욱한 조리실에선
치이익 치이익 밥 짓는 소리
빨갛게 버무린 깍두기까지 나오면
배꼽은 꼬르륵 침샘은 꼴깍

갈색 소스를 뒤집어쓴
노릇노릇 돈까스 옆에
초록 파슬리 알알이 박힌
하얗게 으깬 감자가 입술을 유혹한다

급식실 사각 식판에 담긴
초록 시금치처럼 싱그러운
아이들 재잘거리는 소리
급식실 창문을 훌쩍 넘는다

창문 너머 하늘이 맑고 푸르다
먹는 것이 몸을 만들고
먹는 것이 '나'를 만드니
우리에게 일용할 양식을 주신 모든 님들
하늘처럼 맑고 푸르다

제21화

오매
단풍 들겄네

　2019년 전남 강진으로 문학 답사를 갔다. 〈모란이 피기까지〉의 시인 영랑 생가에는 붉은 모란이 만발했다. 그리고 초가 안채의 조그마한 마당에는 한 그루 감나무 아래 장독대가 놓여 있다. 영랑이 '누이의 마음아 나를 보아라'란 시를 쓴 곳이다. 누이가 장독을 열 때 단풍 든 감나무 잎이 떨어지는 것을 보고, "오매 단풍 들겄네"라고 속삭이는 소리를 듣고 쓴 시라고 한다. 목포 문학소녀들이 '오-매 단풍 들겄네'를 낭랑한 목소리로 낭송하고 있다.

오-매, 영랑 시

오-매 단풍 들겠네
시가 되어버린 장독대에서
오-매 영랑 시비를 읽었네
돌 위에 새겨진 글자들 날러오아
소녀는 놀란 듯이 치어다보며
오-매 영랑 시가 살아오네

가을이 내일모레 기둘니리
장독대 감잎에 어리는 마음
불어오는 바람에 살랑 흔들리네
소녀의 마음아 나를 보아라
오-매 영랑 시에 빠지겠네

제22화

다산초당에서
다산을
생각하며

    강진 문학 답사길에 다산초당에 들렀다. 멀리 강진만의 바다가 내려다보이는 만덕산 기슭에 자리한 다산초당은 정약용 선생이 강진에 유배되어 제자들을 가르치면서 『목민심서』, 『경세유표』, 『흠흠신서』 등 600여 권에 달하는 저서를 집필했던 곳이다. 현판에 판각된 글씨는 추사 김정희 선생의 친필을 모아서 새긴 것이라고 한다.

    다산 선생이 백련사의 혜장선사와 초의선사를 만나러 가던 사색의 숲길 초입에 들어선 동백나무들, 붉은 꽃송이들이 뚝뚝 떨어져 있다. 중앙에서 멀리 쫓겨 온 남도 유배지에서 조선 실학의 꽃이 활짝 피어났다는 역사적 아이러니의 의미를 생각해 본다.

다산초당에서

다산초당을 오른다
머나먼 남도 유배길
다산의 눈물을 머금은
소나무 뿌리가 땅 위로
검붉은 핏줄처럼 드러나 있다

다산초당에서 백련사로
이어지는 오솔길을 걷는다
외로운 사색의 길에서
대나무 숲 사각사각
바람에 스치는 소리에
선사와 나누던 차담 소리 실려 온다

사람에게서 멀리 내쳐진
변방 유배의 땅에서
가장 낮은 곳에서
검은 벼루에 눈물의 먹을 갈아
묵향으로 피워 올린
다산을 생각한다

제23화

태백산맥 따라
역사는 흐르고

2020년 10월, 보성 태백산맥 문학관으로 문학 답사를 갔다. 소설 『태백산맥』에 관한 영상을 보고, 안내 자료를 읽고, 버스에서 이야기를 나누고 퀴즈도 풀어 보았다.

문학관에서는 무엇보다 소설 『태백산맥』의 방대한 원고량에 모두 놀랐다. 해방 전후, 좌우 이념의 대립 속에서 민중들의 처절하고 끈질긴 삶의 역사를 치열하게 그려 낸 소설에 경의를 표했다.

문학은 인간의 인간다운 삶을 위하여
인간에게 기여해야 한다. _조정래

태백산맥 앞에서*

보성군 벌교읍
태백산맥 문학관에서 태백산맥을 보았다.

중도 들녘이 질펀하게 내려다보이는 현 부잣집
조그마하고 예쁜 기와집. 방 셋에 부엌 하나인 소화네 집
김범우는 홍교를 건너다가 중간쯤에서 멈추어 섰다
염상구가 희한한 결투를 벌였던 철다리
고것이 워디 사람 헐 일이엇간디라 중도방죽
서민영이 야학을 열었던 회정리 돌담교회
소화다리 아래 갯물에고 갯바닥에고… 아이고메 인자 징혀
서 더 못 보겄구만이라…
낙안벌을 보듬듯이 하고 있는 징광산이나 금산은 태백산맥
이란 거대한 나무의 맨 끝가지에 붙어 있는 하나씩의 잎사귀인
셈이었다

벌교를 하루, 터벅터벅 걸었다
소화다리 아래 질퍽한 갯바닥에 슬픔이 밀려왔다
종일토록 가슴이 아려왔다
아마 한 달, 일 년, 그 후로도 오랫동안
태백산맥 앞에 서면 짜디짠 갯바람에 눈이 시릴 것이다

---

*색으로 강조한 부분은 소설 『태백산맥』에서 인용했다.

제24화

녹차밭에서
녹차 향은

　태백산맥 문학관에서 돌아오는 길에, 벌교읍 정갈한 식당에서 꼬막 비빔밥을 맛있게 먹고 보성 녹차밭에 들렀다. 해설사 선생님이 들려주는 녹차 이야기를 들으면서 끝없이 펼쳐진 녹차밭에 올랐다.

　녹차를 만들기 위해서는 잎을 따자마자 즉시 가열하여 산화효소를 파괴해 녹색을 그대로 유지하는 동시에, 수분을 증발시켜 잎을 흐늘흐늘하게 말기 좋은 상태로 말린다. 이렇게 덖는 과정을 3~4번 반복한다. 녹차 한 잔이 이렇게나 어렵게 만들어진다. 기름진 음식을 먹고 난 후 마시는 쌉싸름한 녹차는 입안을 개운하게 해 준다.

　정신을 맑게 하려고 오늘도 녹차 한 잔을 마신다.

초록 물고기

녹차밭 가는 길
피톤치드 향 가득한
삼나무 숲을 걸을 땐
깊은 바닷속처럼 마음이 잔잔해진다

녹차밭 가는 길
삼나무숲을 지나
단풍나무숲 앞을 돌아
완만한 구릉을 따라 굽이굽이 올라간다

자욱한 흐린 안개에
녹차밭 어린 잎들이 젖어 있다
굽이굽이 구부러진 녹차밭을 오르며
소녀들의 재잘거리는 웃음소리에
초록 바다, 초록 물결이 찰랑거린다
녹찻잎 초록 물고기들이
여기저기 헤엄치며 돌아다닌다

어디선가 바람 불어 풍경 소리 울리고
굽이굽이 초록 바다 초록 물고기 헤엄을 친다

제25화

5·18 광주
문학기행

　5·18 민주화운동 현장답사 프로그램을 신청하여 5월 광주 문학기행을 다녀왔다. 해설사의 설명을 들으며 유네스코 세계기록유산으로 등재된 5·18기록관(옛 광주카톨릭센터)에서 출발하여, 금남로~전일빌딩~옛 전남도청~상무관 옛터 등의 사적지를 둘러보았다.

　철없던 중학생 '선욱'이 5·18 민주화운동의 진실을 알아 가는 『저수지의 아이들』이란 책을 미리 읽고 온 학생들은 눈을 반짝이며 해설사 선생님의 설명에 귀 기울였다. 특히 '전일빌딩245'에서 5·18 민주화운동 당시 헬기 사격의 선명한 245개의 탄흔을, 245개의 진실과 기억을 확인할 때는 그날의 아픔이 생생하게 전해져 왔다.

무등을 바라본다

이팝나무 하얀 꽃잎처럼
수없이 피었다 흩어졌던
금남로의 5월
42년 세월이 흐른 지금
황금빛 5월 햇살은 평화를 말한다

그날의 모든 것을 보았던
모든 것을 알고 있는 시계탑은
한밤중에 어디론가 치워졌다
거스를 수 없는 진실과 함께 돌아왔다
시계탑은 모든 것을 알고 있다
시계탑은 여전히 묻고 있다

245개의 총알 자국이
상처로 기억으로 남아 있는
전일빌딩 꼭대기에 올라 바라본다
솟구치는 눈물의 분수대와 광장을
수많은 젊음이 사그라진 옛 전남도청을
아시아문화전당을 바라본다
멀리 푸른 무등산을 바라본다
그 이상 더할 수 없을 정도로
푸른 무등(無等)을 바라본다

제26화

아시아문화전당에서

아시아문화전당에서 운영하는 청소년을 위한 문화예술 체험 프로그램 'ACC 평화이야기보관소'는 '민주, 인권, 평화'를 소재로 한 게임형 디지털 스토리텔링 프로그램이다. 청소년들이 역사 속 평화의 목소리를 마주함으로써 갈등 상황 조정 능력, 융합적 사고력, 사회 공감 능력을 키울 수 있다고 한다.

- 인구의 다수를 차지하는 불교계 싱할라족과 소수 힌두교계인 타밀족 간의 싸움인 스리랑카 내전
- 예멘인들이 내전을 피해 제주도로 입국해 난민 신청을 하면서 우리 사회에 난민에 대해 큰 화두를 던진 제주 예멘 난민 사건
- 역사적 배경과 종교 차이로 인한 미얀마의 소수민족 로힝야족 학살 사건
- 장기 집권으로 인한 국가 성장과 동시에 정치적 독재와 부정부패로 인해 시작된 인도네시아의 민주화운동

우리 모두 숨겨진 평화의 단서를 찾아서 비둘기를 완성하자!

아시아가 울고 있다

아시아는 울고 있다
한때 식민지제국을 거닐었던 영국 BBC 방송이 말한다

힌두교 타밀 사람들
아주 많은 불교 싱할라 사람들
나라 이름이 실론에서 스리랑카로 바뀌고
스물여섯 해와 달이 바뀌고도
수만 명이 죽어간 섬, 실론티
홍찻잎을 따던 여인이 울고 있다

무슬림 로힝야 사람들
나라 이름이 버마에서 미얀마로 바뀌고
세계에서 가장 박해받는
소수민족이 되어 바다를 떠도는 사람들
미얀마 군홧발에서 도망치고 다시
방글라데시에서 팔리는 로힝야족 소녀들이 울고 있다

'모든 것이 다 잘될 거야' 검은색 티셔츠를 입은 소녀는
군부의 총탄에 쓰러지고
태권도를 사랑했던 천사 소녀
붉은 수의를 입은 미얀마의 소녀 치알 신이
아직도 울고 있다

제27화

학교 운동장에서
별밤 탐험

    우리 학교는 해마다 가을이 오는 길목에 도서관에서 밤새우기 행사를 한다. 점심시간 후 서점 나들이를 시작으로, 모둠별 자화상 만들기, 시(詩)화(畵) 제작, 독서퀴즈와 독서토론, 별 헤는 밤-별 보기, 자작시 낭송 및 소감 나누기 등의 활동이 이루어졌다.

    어둠이 내려앉은 운동장으로 나갔다. 윤동주 시인의 〈별 헤는 밤〉 시 낭송을 들으며 아이들이 쏘아 올린 잠자리 불빛 야광 낙하산들이 별빛 속에서 화려하게 내려온다.

    과학과에서는 '학교에서 펼치는 천체관측 활동'을 준비했다. 아이들은 천체망원경으로 행성을 탐험하고 별자리를 찾아보는 색다른 경험을 했다. 아름다운 밤하늘을 바라보며 어떤 생각을 하고 어떤 꿈을 찾았을까?

도시의 별

도시에서는
별 보기가 어렵다
도시의
화려한 불빛들이
하늘의 별빛보다 빛난다

도시에서는
별 보기가 어렵다
모두
땅만 보고 걷는다
하늘을 쳐다보지 않는다

도시에서도
별 보기를 해 볼까?
화려한 것들
잠든 시간을 기다린다
고요한 어둠 속에서
눈을 뜬다 하늘을 본다

눈을 떠야 별을 본다
하늘을 보아야 별을 본다

제28화

리더십
캠프에서

　우리 학교는 해마다 학년 초에 학급 임원들과 학생회 임원들이 모여서 리더십 캠프를 진행한다.

　학급과 학생회 임원들은 학생들의 추천과 투표로 뽑혀서 스스로 자부심이 대단하고, 학교 행사에도 주체적으로 나선다. 부서별로 한 해 동안 추진할 행사를 함께 토의하고 계획을 세우는 진지한 모습에서 야무진 아이들의 꿈과 리더십을 볼 수 있었다. 함께 토의하고 경청하는 아이들의 눈빛이 반짝거린다.

　좋은 리더란 무엇일까? 함께 모여서 리더십을 키워 나가는 아이들의 목소리가 똘망똘망하다.

앞선 이의 꿈

바닷가 조약돌처럼
같은 듯 다른 우리들
하얗고 까맣고 검붉은
네모나고 세모나고 그리고 둥근
거친 파도 앞에 선 돌멩이들

밀려오는 파도 앞에서
서로의 옆구리를 채워 주면서
파도에 부딪히면서
돌멩이들 스스로 제 몸 구르며
깨닫는 말, 같이 걸을까

거친 파도 앞에 선 돌멩이들
서로 어깨 보듬고
함께 걸어가는 앞선 이의 꿈속에서
파란 하늘을 본다

우리 같이 걸을까
앞서거니 뒤서거니

제29화

바통을
주고받는
이어달리기

5월 체육 한마당, 이어달리기 출발선! 이어달리기 바통을 손에 꽉
쥔 선수들이 출발선에 섰다. 지켜보는 친구들이 더 긴장한다.

탕! 출발 신호가 울렸다. 모두 자신의 구간에서 최선을 다해 죽어
라 달린다. 재치가 있고 순발력이 좋아 곡선에서 잘 달리는 아이가
1번으로, 곧은 성격으로 빠르게 직선으로 잘 달리는 아이는 2번으
로, 다시 곡선에서 둥글게 잘 달리는 아이가 3번으로, 마지막으로 가
장 강하고 빠르며 승부욕이 강한 아이가 4번으로 달린다.

이어달리기는 각 개인의 달리기 실력도 중요하지만 팀워크가 더 중
요하다지요. 결국 바통을 어떻게 잘 주고받느냐가 문제겠지요?

이어달리기

노란 바통을 꽉 쥔 손에선 진땀이 났어
출발선에 선 두 다리는 후들거렸어
탕! 허공을 울리는 총소리에
놀란 노루 새끼처럼 뛰쳐나갔어

저기 날 기다리는 손짓이 있어
빨리 오라 재촉하는 또 다른 내가 있어
숨이 차서 빨개진 얼굴이 가슴이 풍선처럼 터져 버릴 것 같아
어서 이 구간을 벗어나야 해 바통을 잘 넘겨주고

초조하게 제자리 뛰기를 하며
마중 나온 또 다른 나의 손에
노란 바통을 넘겨줬어, 무사하게
헉헉 숨이 차올라 쓰러질 것 같았어
저절로 허리가 휘어져도
고개를 들어 쭈욱, 그 너머를 바라봤어

내 손을 떠난 노란 바통이
삶의 곡선과 직선을 이어 달려서
마지막 하얀 깃발에 가닿을 때까지
저절로 기도하는 두 손이 되었어

제30화

줄다리기
응원을
했어요

　5월 체육 한마당! 줄다리기는 체육대회의 꽃이다. 가장 치열한 땀을 흘리는 경기이고 가장 목청이 찢어져라 응원하게 되는 경기다.

　1반 이겨라, 2반 이겨라. 평소 근엄하던 담임선생님도 줄다리기할 때만은 응원 수건을 휘날리며, 온몸을 앞뒤로 흔들며 목청껏 응원을 한다. 이긴 팀은 펄쩍펄쩍 뛰고 와와 함성을 지르며 좋아한다. 운동장이 흙먼지가 누렇게 날려도 기쁨의 함성은 더 커진다. 아쉽게 아깝게 진 팀은 고개를 푹 숙이고 어떤 아이는 눈물을 뚝뚝 흘리며 억울해한다.

　체육대회의 꽃은 줄다리다. 학교의 꽃은 아이들이다.

줄다리기

준비! 탕!
허공을 찢는 시작 신호에
팽팽한 밧줄 한가운데
바짝 긴장한 붉은 삼각 리본이
순간 흔들린다

여리고 여린 아이들이
밧줄 줄기마다 엇갈려 서서
겨드랑이 사이 줄을 감싸고
영차영차 당기고
영차영차 버티고
영차영차 뒤로 몸을 젖히고
영차영차 또 당기고 버틴다
영차영차영차영차
박자에 맞추어 하나가 되어
또 당기고 버틴다
밧줄 줄기 끝에 선
제 몸을 밧줄로 감고 버틴다

하나 하나 모두 하나로, 꽃이 되어
줄기를 당기고 버티고 있다
운동장 흙먼지 속에 꽃망울들이 일렁인다

제31화

잊지
않을게요

4월이 되면 마음에 슬픈 바닷바람이 불어온다.

2014년 4월 16일 오전 텔레비전 화면에서는 시퍼런 바닷물에 한쪽으로 기울어진 커다란 여객선이 가라앉고 있었다. 인천에서 제주로 향하던 세월호가 승객 304명을 가둔 채 진도 바다에 침몰했다. 어른들의 물질적 욕심과 부주의, 안전불감증과 선원들의 무책임, 초기 대응과 구조에 실패한 해경과 정부의 무능 등 총체적 부실로 생긴 인재였다.

해마다 4월이 되면 '잊지 않을게'라는 약속을 가슴에 새긴다. 차마 피지 못하고 하늘로 간 꽃송이들을 추모하는 행사를 한다. 세월이 지났다고요? 그래도 잊지 않아야 한다며 노란 리본을 만들어 바람에 걸고, 그리움을 엽서에 쓰고, 노란 희망의 배를 엽서에 그려 띄운다. 잊지 않을게.

세월의 말

목포시 달동 고하대로에 하얀 벚꽃이 피고 질 때면
허사도 신항만엔 사람들이 모여듭니다
바라볼 것이 아무것도 없었던 섬 허사도의 붉은 노을빛
녹슬어 붉게 변한 선체 몸뚱어리만 역광처럼 바라봅니다

1994년 일본에서 태어난, 이름은 '페리 나미노우에'
'파도를 넘어'서 가라는 의미랍니다
18년을 일한 낡은 중고 선박을 끌고 와
한국 사람들은 욕심껏 부실한 몸뚱만 키웠습니다
흘러가는 시간을 지우려는 듯
감히 세상을 넘을 것처럼 '세월'이라고 이름 지었답니다

자욱한 안개 속에서도 포기하지 않고 출항했습니다
밤새 바다를 달려 4월 16일 아침 사나운 맹골수도를 지납
니다
뒤뚱 왼쪽 뱃전이 기울었습니다 침몰하기 시작했습니다
이유요? 나도 잘 모르지요. 지금쯤은 밝혀졌나요?
욕심, 욕심을 넘치게 싣고도 단단히 고정하지도 않았답니다
가만히 있으라는 방송에 아이들은 구명조끼를 입고 갇혔답
니다
빤스 바람에 탈출한 선장 등은 뻔뻔하게 구조되고도

누구도 책임지지 않은 7시간도 속절없이 흐르고 침몰했습니다

종일토록 화면에서는 서서히 침몰하는 '세월'을 보여 주었습니다

그때 그 시간, 당신은 무엇을 하고 있었습니까? 그리고 지금은

뻘밭에 박혀 있다 지상으로 올라온 세월이 많이 흘렀다고요?

목포 신항 철제 담장 빛바랜 노란 리본들 휘날립니다

찬 바람 몰아치는 항구에서 아직도 울고 있습니다

제32화

5월은
감사 편지로

　5월은 감사 편지로 시작한다. '감사'라는 말이 사라진 사회는 얼마나 삭막한가? 국어 시간에 '감사 편지 쓰기의 일석삼조'를 강조하며 수업을 시작한다.

　"첫째, 감사하는 마음을 생각하고 느끼면 내가 먼저 행복해진다. 둘째, 감사하는 마음을 표현하면 상대와 내가 함께 행복해진다. 셋째, 감사하는 마음을 글로 쓰면 글쓰기 실력도 늘어난다."

　"아, 어려워요! 감사할 사람이 없는데 누구한테 써요?"라고 징징대던 아이들이 어느새 편지 쓰기로 빠져든다.

　'감사'하는 시간을 감사한다.

보석을 캐내는 말

5월, 꽃들이 만발합니다
빨간 장미, 노란 민들레
하얀 찔레꽃, 분홍 모란, 노란 수선화
헤일 수 없는 꽃송이들 속에서
보석 같은 말을 캐냅니다

어릴 적 빨간 색종이 오리고
붙여서 만든 빨간 카네이션
어머니 저고리 앞섶에 채워 드릴 때
환한 미소 위의 진주 한 방울

눈을 감고 '감사'를 말합니다
눈을 감고 '사랑'을 말합니다
보슬비보다 낮은 목소리로
어둠침침한 마음속 보석을 캐내는 중입니다

빨간 카네이션,
순한 마음으로 캐낸 보석을
당신의 마음에 채워 드립니다
말로 못다 한 말, 꼭꼭 눌러쓴 편지에 담아
영롱한 보석을 부칩니다

제33화

친구야,
아침밥 먹자

해마다 늦가을이면 학부모회 엄마들이 등교하는 아이들을 맞이한다. 아침을 거르고 오는 아이들에게 아침 한 끼를 먹이고 싶은 엄마 마음으로 간단한 먹거리를 준비해 교문에 들어서는 아이들에게 나눠 준다.

매일 학원에서 공부하고 늦은 밤이 되어야 잠이 드는 아이들, 간혹 밤늦게까지 또 다른 이유로 잠들지 못하고 아침까지 늦잠을 자는 아이들은 절반 이상 아침을 거르고 온다.

"다 먹고 살자고 하는 공부인데, 얘들아, 과자 말고 몸에 좋은 밥을 먹자!"

엄마의 밥

눈을 뜨니 엄마는 없다
식탁엔 노란 달걀말이와
빨갛게 잘 익은 깍두기
하얀 쌀밥 한 공기가
정갈하게 나를 기다리고 있다

새벽 출근한 엄마의
가쁜 숨이 아직도
분홍 식탁보 사이사이
따뜻한 온기로 남아 있다

찬물로 어제의 얼굴을 씻고
간밤에 엄마가 다려 놓은
하얀 교복 블라우스와 청색 치마를 입고
오늘의 식탁에 앉아
엄마의 밥을 한술 뜬다

엄마의 밥을 알알이 씹어 먹는다
아직은 이유를 알 수 없는
아빠의 부재와 그럼에도
따뜻한 엄마의 사랑을 먹으며
14살 나는 든든하게 학교에 간다

제34화

Wee센터
앞에
서다

Wee = We(우리들) + E(emotion 감성) + E(education 교육)

Wee Class는 여러분의 마음속 고민거리를 함께 나누는 공간입니다. 가족, 공부, 성격, 진로, 친구 관계 등 혼자 감당하기 힘들 때면 언제든 찾아오세요. 마음이 외롭고 힘들 때면 언제든 문을 열고 들어오세요. 여러분은 혼자가 아닙니다. 함께 공감하며 도움을 드립니다.

친한친구교실 Wee클래스 앞에서 서성거리며 유리창의 글을 읽는 소녀의 뒷모습을 보았다. 머뭇거리다 돌아선다. 오늘은 아니더라도 내일은 꼭 고민 덩어리를 풀어냈으면 좋겠다.

이야기를 들어줘요

어제도 오늘도
상담실 복도 앞에서 서성거려요
유리창 포스터엔
너의 이야기를 "다 들어줄 개"
네 마리의 강아지가
순한 눈으로 반겨도
어릴 적 이웃집 토리에게
물린 상처가 빨갛게 생각나
다가서지 못해 서성거려요

그래도 내일은
엄마 아빠 손에 손 꼭 잡은
어릴 적 희미한 기억 되살려
똑똑 안녕을 노크하고
절망의 손잡이를 돌려서
마침내 희망의 문으로 들어설게요

누가 내 이야기를 들어주세요
그냥 들어만 주시면 돼요

제35화

네 꿈은
뭐니?

　우리 학교 진로실에서는 해마다 '나의 꿈 발표하기' 행사를 한다. 적성에 맞는 진로 찾기 활동의 하나이다. 강당에 모인 전교생 앞에서 나의 꿈을 발표하곤 했는데, 코로나19로 진로실에 발표 학생만 모여서 진행했다. PPT를 준비해 자신의 꿈과 그 꿈을 이루어 가기 위한 실천 계획을 야무지게 발표하는 아이들의 눈이 총총하게 반짝거렸다.

　무릇 사람의 일이란 말하는 대로 이루어진다. 자신이 세상에 내놓은 말의 무게를 느끼기 때문에 노력하고 이루어 갈 것이다.

말하는 대로

아직 잘 모르겠어요
꿈을 찾으라는데 가로등도 없는
길 위에 혼자 서 있는 것만 같아요
저만치 회색 그림자 지우며
별빛 꿈 찾아 길 떠나 볼래요

글을 읽고 쓰고 듣고 말하고
수학 문제를 풀고, 과학실험을 하고
노래하고 그림을 그리고
운동장을 뛰고 달리며
진로실 문을 두드리고 들락거리며
희미하게 보이는 보물을 찾아보아요

꿈을 꾸고 소리 내어 말해 보아요
프로그래머, 선생님, 디자이너, 가수, 요리사
그리고 수많은 길 위의 꿈들

지금, 말하는 대로
한 걸음 한 걸음 나아가요
10년 20년 30년이 흐른 훗날
말하는 대로 되어 있을 거예요. 나는

제36화

소녀와
독립선언문

1층으로 내려가는 중앙 계단에서 발견한 졸업생의 수채화 작품이다. 거대한 고목을 두 팔을 벌려 안고 있는 소녀의 뒷모습이다. 그림의 제목은 '아빠'. 거대한 고목인 아빠에게 안기고 싶은 소녀의 마음을 표현한 것 같다. 제목 아래 이름을 보니 '2011년 졸업생 김지우'라고 적혀 있다. 지금쯤 20대 후반의 아름다운 아가씨가 되어 있을 것이다. 멋진 화가가 되어 있을 것도 같다.

수채화 옆에는 독립선언문 액자가 걸려 있다. 15살이었던 소녀도 흐른 세월만큼 나이를 먹고 어른이 되었겠지? 거대한 고목 같은 아빠의 품에서 독립하여 이제 어엿한 푸른 나무로 자라 있겠지?

아빠와 나

아빠, 당신의 단단한 등허리를
두 팔로 안아 보아요
아직은 두 손이 부족해요
나는 아직 어리거든요

아빠, 당신의 거친 등허리를
두 팔로 안아 보아요
이제 두 손이 맞닿아요
나는 이제 어른이 되어 가거든요

아빠, 당신의 굽은 등허리를
두 팔로 안아 보아요
이제 두 손이 남아요
나는 이제 어른이 되었고
아빠는……

고목 등걸처럼 휜 당신의 등허리에서
푸르게 움튼 나뭇가지
어느새 어른이 되어
나,
당당히 홀로 서 있을게요

제37화

학교
운동장에서
119

연막탄이 점화되고 동시에 화재경보 사이렌이 울리고 안내 방송이 시작된다.

본교 자위소방대의 소방훈련을 실시하겠습니다. 14:35 현재 본관 2층 교실에서 화재가 발생하였습니다. 대피 요원의 유도에 따라 신속하게 대피 장소로 대피하여 주시기 바랍니다. 불이야! 불이야! 불이야! 여보세요, 소방서죠! 여기는 ○○중학교인데 화재가 발생하였으니 빨리 출동하여 주십시오.

전 교직원과 학생들은 화재 발생 시 대피 요령에 따라 신속히 운동장 뒤쪽으로 대피하여 주시기 바랍니다. 중요 문서를 안전지역으로 반출해 주시고 각 담임선생님들은 인원 점검하여 보고하시기 바랍니다. 운동장에 화재가 발생하였으니 대원 2명은 먼저 소화기를 이용하여 초기에 화재를 진압하시기 바랍니다. 본교 동쪽 계단에서 대피하던 학생 1명이 연기에 질식되어 쓰러져 있는 것이 발견되었습니다. 의료반은 즉시 출동하여 질식한 환자를 안전한 곳으로 후송하여 응급조치하여 주시기 바랍니다. 본교 자위소방대와 출동한 소방차에 의하여 화재가 완전히 진압되었습니다. 방호복구대원들은 복구장비를 들고 현장으로 달려가 복구에 임하여 주시기 바랍니다. 화재경보를 해제합니다.

119

나른한 5교시
풀리지 않는 수학 문제와
씨름하는데 불이 난다
연막탄을 점화한다
하얀 연기가 꾸역꾸역 피어오른다

띠리리리 따르릉
화재경보가 다급하게 울린다
불이야! 불이야! 불이야!
큰 소리로 급히 외친다

119 소방차는 빨리 와 주세요
동쪽으로 서쪽으로 중앙으로
나눠서 대피하세요
중요한 문서는 안전한 곳으로 반출하세요
대피 인원 점검하고 보고해 주세요

소화기 안전핀을 뽑고 화재 진압하세요
쓰러진 환자는 응급조치 후 후송해 주세요
소방차가 왔어요 화재가 진압되었어요
응급 복구를 합니다
화재경보를 해제합니다

동굴 같은 교실로 돌아가며
나직하게 뱉는 목소리
내 가슴속 불은 누가 끄나요?

제38화

코로나 시대의
학교 축제

　코로나 시대의 학교 축제! 모일 수 있는 인원이 제한적이라 무대 출
연자들과 소수의 관람자만 학교 체육관에 입장할 수 있었다. 비록 모
든 학생이 한 장소에 모일 수는 없었지만, 축제 열기만큼은 여느 때와
다르지 않았다. 오히려 코로나 때문에 쌓인 우울과 분노를 표출하려
는 듯 훨씬 더 열정적으로 준비하고 무대에서 모든 것을 쏟아냈다.

　2020년 코로나 때문에 마스크를 쓰고 뒤늦게 입학하고, 여차하면
집에서 원격수업하느라 제대로 얼굴도 잘 익히지 못해서 더욱 안타
깝고 애잔하다. 어서 코로나가 끝났으면 좋겠다. 너희들의 끼를 제대
로 펼칠 날이 있을 것이다!

마스크

코로나가 아무리 무서워도
우리들의 끼는 감출 수 없어요

마스크를 쓰고 노래하지만
우리들의 목소리는
아름다운 하모니로 울려 퍼집니다.
마스크를 쓰고 춤을 추지만
우리들의 몸짓은
에너자이저처럼 뿜뿜 날아갑니다

마스크를 쓰고 교실에서 무대를 보지만
모니터를 뚫고 나오는
강렬한 눈빛은 피할 수 없어요
흥겨운 끼는 피할 수 없어요
저절로 엉덩이가 들썩들썩해요

마스크로 가리어진 시간도
우리들의 끼는 막을 수 없어요
우리들의 꿈은 막을 수 없어요

내일은 마스크를 벗고 춤을 춰요
내일은 마스크를 벗고 노래해요

제39화

교실에서
하는
졸업식

2020년 2월. 생소한 졸업식이다. 강당에서 열리지 못하고 각 교실에서 방송을 시청하며 진행되고 있다. 모니터에서는 교장 선생님의 졸업식 훈화가 진행되고 있다. 아이들은 강당에서 함께하지 못한 아쉬움을 달래며 모니터를 응시하고 있다. 이렇게 생경한 졸업식 풍경이라니 불과 몇 년 전에는 예상이나 했을까?

졸업식 풍경은 달라졌지만 우리에게 졸업의 의미는 달라지지 않았다. 졸업(卒業)은 '학생이 규정에 따라 소정의 교과 과정을 마침'에서 끝나지 않고 다음 단계로 나서는 또 다른 시작이다.

졸업은 또 다른 입학인 것이다.

졸업하다

역사책을 넘기듯 빛바랜 사진첩을 넘긴다
태아를 졸업하다 세상에 입학하다
혼자 앉는다, 혼자 선다
첫걸음마를 떼다, 혼자 걷기 시작하다
엄마 젖을 떼다, 이유식을 시작하다
옹알이를 끝내다, 말을 시작하다
기저귀를 졸업하다, 응가를 시작하다
이유식을 마치다, 밥 먹기 시작하다
걷다, 달리다, 자전거를 타다
유치원에 입학하다, 졸업하다
학교에 입학하다, 졸업하다

입학하다, 졸업하다, 입학하다, 졸업하다
사진첩엔 꽃처럼 사진이 꽂힌다
아름다운 사진 꽃이 첩첩 쌓인다

마침표를 찍는다
다음 문장을 시작한다
다음 꽃이 피어난다
피고 지고 피고 지고 피고 지고
졸업할 때 가장 아름다운 꽃이 피고 지다

제40화

AI? 다가오는
인공지능 시대

4차 산업사회의 핵심인 인공지능은 앞으로 우리 아이들이 사는 세상과 함께할 것이다.

스튜어트 러셀과 피터 노빅은 『인공지능』이란 책에서 인공지능은 '사람처럼 생각하는 기계'가 아니라 '합리적으로 행동하는 기계'라고 규정했다. 인공지능은 인간을 위해 주어진 목표를 위해 적절하게 행동하는 것이다.

AI 시대에 주인이 되려면 어떻게 해야 할까? 인류의 가치와 목적이 무엇인지 고찰해야 한다. 그래야 인공지능을 긍정적인 방향으로 사용할 수 있을 것이다. 그리고 배움과 경험을 통해 인공지능 프로그램을 학습하는 사람이 되어야 한다.

인공지능을 인간과 사회를 위해 세상에 활용하고 적용할 수 있도록 해야 한다. 그렇다면 우리 아이들에게는 인공지능 기술의 습득에 앞서 가치를 추구하는 인간으로의 성장이 중요하다. 목적이 가치 있다면 AI는 훌륭한 도구로 인류에 이바지할 것이다.

AI 교실이 구축되고 인공지능 교육이 정규 수업으로 실시되는 것은 이미 세계적인 추세이다.

안녕, AI

안녕
오늘은 날씨가 어때?

안녕
오늘 세상은 어때?
오늘 무엇을 할 수 있을까?

안녕
내일 세상은 어때?
내일 무엇을 할 수 있을까?

안녕, AI
사람은 묻는다

안녕, AI
고마워, 수고해 줘
사람이 할게, 아름다운 일은

제2부

목포, 문학소녀들 이야기

제1화

서산동
시화골목 계단을
오르며

2021년 봄비가 내리는 날, 3회 녹향문학소녀들과 서산동 시화골목을 올랐다. 목포 유달산 자락에 어민들이 모여 사는 온금동과 서산동, 가난하고 힘들었던 시절, 일용근로자들과 어민들이 부두 가까운 서산동 언덕에 집을 짓고 살았다고 한다. 가파른 계단을 따라 이어지는 골목에는 할머니들이 가꾼 소박한 채소와 알록달록한 꽃 화분들이 봄비에 몸을 축이고 있었다. 실핏줄처럼 얽힌 깔그막을 수없이 오르내렸던 할머니들의 고단한 삶과 시간이 지금도 골목골목마다 시와 그림으로 남아 있다.

좁다란 골목마다 목포 시인들의 시화와 동네 할머니들의 삶이 드러난 시화들이 걸려 있다. 김지하 시인의 〈바다 아기네〉, 최하림 시인의 〈바다의 이마쥬〉, 김선태 시인의 〈조금새끼〉 등 목포 출신 시인들의 시를 읽으며 가파른 골목길을 올랐다

봄비처럼 아이들의 가슴엔 시가 스며들었다.

서산동 시화골목[*]

봄비에 계단이 젖는다
하얀 우산, 파란 우산을 쓴
가쁜 숨을 내쉬며
서산동 시화골목 계단을 오른다

계단을 따라
오랜 세월 흘렀던 빗물,
눈물은 푸른 이끼처럼
할머니들의 시화에 스며든다
내 마음에도 스며든다

바다의 이마쥬
바다 아기네
조금새끼

서산동 골목 어귀에서 만난
목포 바다 시(詩)들
어느새 빗물처럼 스며든다
서산동 봄비에 마음이 젖는다

---

[*] 색으로 강조한 부분은 목포의 시인 최하림, 김지하, 김선태의 시 제목이다.

제2화

시화골목에서
조금새끼를 읽다

서산동 시화골목을 오르던 목포 문학소녀가 김선태 시인의 〈조금
새끼〉 시화 앞에 멈춰 서 찬찬히 읽고 있다.

　가난한 선원들이 모여 사는 목포 온금동에는 조금새끼라는
말이 있지요. 조금 물때에 밴 새끼라는 뜻이지요. 그런데 이 말
이 어떻게 생겨났냐고요? 아시다시피 조금은 바닷물이 조금밖
에 나지 않아 선원들이 출어를 포기하고 쉬는 때랍니다. 모처럼
집에 돌아와 쉬면서 할 일이 무엇이겠는지요? 그래서 조금 물때
는 집집마다 애를 갖는 물때이기도 하지요. 그렇게 해서 뱃속에
들어선 녀석들이 열 달 후 밖으로 나오니 다들 조금새끼가 아
니고 무엇입니까? 이 한꺼번에 태어난 녀석들은 훗날 아비의 업
을 이어 풍랑과 싸우다 다시 한꺼번에 바다에 묻힙니다. 태어나
서 죽을 때까지 함께인 셈이지요. 하여, 지금도 이 언덕배기 달
동네에는 생일도 함께 쇠고 제사도 함께 지내는 집이 많습니다.
그런데 조금새끼 조금새끼 하고 발음하면 웃음이 나오다가도 금
세 눈물이 나는 건 왜일까요? 도대체 이 꾀죄죄하고 소금기 묻
은 말이 자꾸만 서럽도록 아름다워지는 건 왜일까요? 아무래도
그건 예나 지금이나 이 한마디 속에 온금동 사람들의 삶과 운
명이 죄다 들어 있기 때문 아니겠는지요. _ 김선태, 〈조금새끼〉 전문

조금새끼를 읽다[*]

어민들이 모여 사는
서산동 골목에
봄비 보슬보슬 내립니다

회색빛 벽에 걸린
조금새끼 시화는
눈물에 젖은 듯
빗물이 흘러내립니다

회색빛 시멘트 계단엔
할머니들이 가꾼
푸릇한 상추와 대파 줄지어
구부러진 골목길 따라
조금새끼를 읽으며 걷습니다

조금새끼 조금새끼
도대체 이 꾀죄죄하고 소금기 묻은 말이 자꾸만
서럽도록 아름다워지는 건 왜일까요?

---

[*]색으로 강조한 부분은 김선태의 시 〈조금새끼〉 일부이다.

제3화

보리마당에서
바다를 보다

서산동 시화골목을 2022 문학동아리 학생들과 찾은 건 여름이 시작되는 6월이었다. 서산동 시화골목 깔그막진 계단을 숨차게 오른 아이들의 이마에선 땀방울이 송골송골 맺혔다.

그래도 언덕에 오르니 시원한 바닷바람이 땀을 씻어 준다. 역시 목포는 바다다. 바다는 목포다. 서산동은 다닥다닥 들어선 따개비 같은 집들 사이로 골목길이 거미줄처럼 이어져 있다.

옛날에는 보리를 타작했다던 넓은 보리마당, 인근 섬마을에서 일거리를 찾아 목포 부둣가 마을에 판잣집을 짓고 정착했던 어민들은 이 언덕에 올라 무슨 생각을 했을까?

보리마당에서 바다를 보다

보리마당에 오른다
느린 걸음으로
담장을 타고 넘어가던 삼색 고양이
소녀들 까르르 웃음소리에
작은 고개를 내밀고
호기심 어린 눈 반짝인다

보리마당에 오른다
거미줄 같은 골목마다
고무대야에 내놓은 상추들
할머니들 이야기로 수런거린다

그 옛날, 할머니들 보리타작을 하던
보리마당에 올라 바다를 본다
고하도를 돌아 여객선 들어오고
바다를 가르는 한 줄기 파도와
늦가을 햇살에 반짝거리는 윤슬
보리마당엔 늘 풍경화가 걸려 있다

제4화

서산동 할매와
꽃과 고양이

  서산동 시화골목을 오르는 초입에는 3개의 골목길로 갈라지는 작은 계단이 있다. 그곳에선 할머니들이 따스한 햇볕을 쬐며 이야기꽃을 피우고 있다.

  진분홍 수국, 빨간 채송화, 황금빛 금잔화 등 소박하면서도 화려한 화분들이 가지런히 줄을 서 있다. 화단 앞에는 봄날 꽃향기에 취한 고양이 한 마리가 그르렁거리며 뒹굴고 있다.

  골목길에 삼삼오오 앉아 있던 어르신들, 젊고 예뻤던 시절에 서산동 골목으로 시집와 이제는 꼬부랑 할매가 되었다며 쓸쓸하게 웃으며 이야기한다.

할매와 꽃과 고양이

젊어서는 나도 꽃 같은 새댁이었어
먼 섬에서 육지로 나온다고
목포로 나온다고 참말로 좋아했었제
근디 와 본께 고생이 말도 아니여
옛날에는 참말로 살기 힘들었제 집집마다
물지게로 저어기 아래 수돗가에서 물을 길어다 먹었당께
아이고 겨울에는 더 말도 말아야제
바닷바람은 서럽게 차디찬디 깔그막은 꽁꽁 얼어불제
연탄지게를 지고 시꺼만 연탄을 100장은 져 날라야
한겨울을 날 수 있었당께, 참말로 징하제 징해
그란디 설상가상이라고
나밖에 모르던 남편 먼저 가 불고
눈물 마를 새도 없이 참말 징하게 고생고생해서
아그들 다 가르치고 시집 장개까지 보냈씅께
나도 참, 할 바는 다 했지라잉
인자는 꼬부랑 할매, 나만 남았당께
골목 계단 화분에 상추랑 파도 심고 꽃들도 심어
고것들 따서 먹고, 이쁜 꽃 보는 재미로 산당께
글고 꼭 나 같은 저 얼룩 고양이가
그르렁거리며 내 품으로 파고들면
맘이, 거시기 뭐이냐, 따땃해진당께

인자, 꼬부랑 할매가 뭐시 있당가

아프지 말고 잘 살다가 갈 때 되면 가면 그만이제

제5화

1987,
연희네 슈퍼 뒤
방공호

1987년 연희네 슈퍼에서는 어떤 일이 있었을까? 1987년 6월 항쟁을 그린 영화 〈1987〉을 보고 한동안 가슴이 먹먹했다. 1980년대 민주화운동을 평범한 여학생 연희의 시선으로 따라가다 보면, 독재에 맞서며 민주화를 위해 헌신했던 사람들의 용기에 저절로 고개가 숙여진다.

목포 서산동 시화골목 입구에 있는 '연희네 슈퍼'는 영화 〈1987〉에서 대학생 연희가 엄마와 외삼촌과 함께 살던 장소다. 오래된 광고지나 선거 포스터, 세탁비누, 옛날 과자 등 영화에서 활용했던 소품이 재현되어 있어서 마치 영화의 한 장면 속에 들어와 있는 것 같다.

연희네 슈퍼 뒷마당엔 일제강점기에 방공호로 쓰였던 동굴이 남아있다. 태평양전쟁 말기 조선인을 강제 동원해서 만든 방공호로 일본인들의 대피를 위한 것이었다. 동굴 천장에서 서늘한 물방울이 뚝뚝 떨어지고 있었다. 조선 사람의 눈물처럼.

현재도 계속되고 있는 서늘한 과거로의 시간 여행이었다.

영화는 끝나고

연희네 슈퍼 뒤 방공호가 있다
무궁화 꽃 뚝뚝 꺾이고
조선인의 피 땀 눈물로 만들어진 동굴이 있다
서늘한 천장에서 그 눈물이 뚝뚝 떨어진다

시간이 흐르고 흘러도
악의 뿌리 남아 마르지 않은 눈물
또 다른 폭력에 맞서는 1987년
하얀 최루 가스 춤추는 거리
잃어버린 하얀 운동화 한 짝

최루탄과 뜨거웠던 함성을
헤드폰으로 귀를 막고 도리질했어도
끝내 어쩔 도리가 없어
끝내 소리 외치며 팔뚝질하던 연희가
살았던 평범한 가게 연희네 슈퍼

1987 영화는 끝나고
그날의 함성은 잊혀 가도
다시 끝나지 않은 영화는 시작되고
연희네 슈퍼 뒤 서늘한 방공호에 들어서면
번쩍 정신이 드는 것이다

제6화

목포문학관에서
박화성을 만나다

목포가 배출한 박화성(1903~1988)은 한국 근대 여성 문학의 문을 연 작가이다. 1925년 「추석전야」가 이광수의 추천으로 《조선문단》에 발표되면서 문단에 나왔다.

「추석전야」, 「하수도공사」, 「비탈」, 「홍수전후」, 「한귀」, 「고향 없는 사람들」, 「호박」 그리고 장편 『백화』, 『북국의 여명』 등이 있다. 1920~1930년대 박화성의 문학은 거의 목포를 배경으로 하거나 목포 인근의 농촌과 어촌을 배경으로 일제 식민지 시대 가난하고 핍박받는 도시 빈민과 농민들의 삶을 형상화하였다.

목포문학관에는 작가가 목포 용당동에 거주할 당시의 집필 공간 '세한루'를 재현해 놓았다. 작가의 친필 원고와 작품들, 평생 한복을 입었던 그녀의 옷과 신발, 재봉틀 등이 있어 작가의 숨결과 목소리가 들리는 듯하다.

세한루와 한복

공장의 높다란 굴뚝들이며
온금동 비탈의 구멍만 보이는 초가집들을 보이고
_「비탈」中

목포의 석양은 면화 가루에
붉어진 그들의 눈을 위로해 주며
_「추석전야」中

초승달이 유달 산봉에 걸리어
고향의 마지막 밤을 지내는
그의 가슴을 홀로 알아주는 듯이 내려다본다
_「하수도공사」中

마침 목포에서 떠난 막차가
정거장에 들어 닿더니만 잠깐 쉬어서
다시 북쪽을 향해 떠났다
_「호박」中

이곳 대청에 '세한루(歲寒樓)'의 현판이 버티고 있다.
세한 연후에야 송백의 절개를 아는 것이니
_「눈보라의 운하」中

목포 용당동 세한루는 문학관 유리관 속에 남고
가난의 시대, 낡은 옷을 입은 사람들의 슬픔은
꾹꾹 눌러쓴 펜글씨 누런 원고지에 남고
자줏빛 한복을 짓는 재봉틀 소리 들리네*

---

* 1~5연은 박화성의 작품 「비탈」, 「추석전야」, 「하수도공사」, 「호박」, 「눈보라의 운하」에서 인용했다.

제7화

목포청년회관
앞에서

　문학동아리 '녹향문학소녀들'과 함께 목원동 목포근대문학길 산책에 나섰다. 목포청년회관은 1925년 건립된 건물로 일제강점기 목포 청년들의 항일 운동 근거지로 《조선청년》이란 잡지를 발행한 역사적인 장소이다. 세월의 무게를 견뎌 온 돌벽돌이 그들의 말을 들려주는 듯하다.

　박화성의 단편소설 「헐어진 청년회관」의 무대였던 곳이다. 1920년대 일제강점기를 살았던 청년들의 고뇌가 전해진다.

　　"이 집 속에서는 날로 때로 열리는 각종 합법 단체의 삶을 요구하고 해방을 부르짖는 외침이 얼마나 힘 있게 흘러나왔던가? 각 단체 주최의 학술강연이나 사회문제 강의는 얼마나 자주 있었던가? 청년들의 공동의 집이오, 그들은 가장 옳은 길로 인도하며 가르치던 위대한 사명을 가졌던 이 집의 오늘의 헐어진 이 몰골의 비참함이여!"
　　_ 박화성, 「헐어진 청년회관」 중에서

목원동 그날

목원동 목포 청년회관 앞
14살 소녀들은
찰칵, 카메라 소리 따라
100년 전 시간을 거슬러 올라간다

헐어진 석조 건물 앞에서
아이들 웃음기 사라지고
빛바랜 사진처럼 시간의 무게에 그을린 벽을
작은 손바닥으로 가만히 쓰다듬어 본다

굳게 입을 다문 유리창에
삼삼오오 검은 머리 맞대고
번뜩이는 눈동자 굴리며
그날 저 연단에 섰던 푸른 청년들을 불러낸다

그날에 상기된 목소리
물기 머금고 반짝 빛나던 눈동자
하여야 할 시대의 소명이
말갛게 투영된 얼굴빛이

오늘도 살아 있다

제8화

「하수도공사」의 현장
죽교동 골목길

    목포 원도심에는 거미줄처럼 얽힌 아주 오래된 골목이 많다. 유달산 아래 죽교동 골목은 박화성의 단편 「하수도공사」의 실제 무대이다. 목포상업학교를 나온 '동권'이 주인공인 소설로, 하수도공사를 한 노동자들이 임금을 착취하고 횡령하려는 일본인 청부업자에 맞서 싸우는 이야기다. 젊은 청년들의 시대적 소명을 그린 소설이다.

    "뒷개에서부터 보통학교 뒤로 김장자의 대궐 같은 뒷담을 감돌아 유달산록의 허리띠와 같이 하수도는 굉장하였다. 일 년 동안 자기보다도 삼백 명 동무들의 노력으로 된 하수도를 굽어보며 그 언덕을 걸었다. 초승달이 유달 산봉에 걸리어 고향의 마지막 밤을 지내는 그의 가슴을 홀로 알아주는 듯이 내려다본다. 그는 팔짱을 끼고 천천히 뒷개로 향하여 걸어온다. 이 굉장한 하수도를 보는 자, 돈과 문명의 힘을 탄복하는 외에 누가 삼백 명 노동자의 숨은 피땀의 값을 생각할 것이며 죽교의 이 높은 다리를 건너는 자 부청의 선정을 감사하는 외에 누구라 이면의 숨은 흑막의 내용을 짐작이나 하랴."

    _ 박화성, 「하수도공사」 중에서

죽교동 골목길에서

매섭게 내리 닥치는 유달산 찬 바람
뒷개 벌판에서 몰려오는 눈보라
곡괭이질로 꽁꽁 얼어붙은 땅을 파고
남포질로 돌을 뜨던
삼백 명 노동자들의 피 땀 눈물
쩌렁쩌렁 정당한 함성 소리 들린다

유달산 아래 하수도공사는 끝나고
보다 더 뜻있는 상봉을 위하여 떠난
굳센 남자의 눈물이 보인다
애인이 주고 간 편지를 읽고 또 읽고
미닫이 동창을 열어 하염없이
나리는 눈송이를 바라보던
빛나는 여자의 눈길도 보인다

굽이굽이 미로처럼 좁디좁은
빛바랜 죽교동 골목길을 따라
타박타박 힘없이 돌아올 때
아픈 시대를 굳세게 걸어간
청춘남녀의 빛나는 눈빛이 보인다

제9화

작가 차범석의
생가 앞에서

목포 목원동 골목에는 우리나라의 대표적인 사실주의 희곡 작가 차범석의 생가가 있다. 생가 앞 노란 표지판(목원동 이야기-옥단이 길-차범석 생가)을 읽어 본다.

차범석(1924~2006). 차범석은 목포 출신의 극작가이다. 목포 북교초등학교와 목포중학교에서 교사로 근무한 경력도 있다. 1946년 연희전문학교에 입학한 후 '연희극예술연구회'를 조직하여 연극 활동을 시작했다. 1950년대 「밀주」, 「귀향」을 발표하면서 본격적인 활동을 시작했고, 특히 「불모지」(1957)와 「산불」(1962)은 반전의식을 일깨운 전후문학의 대표작으로 평가된다. MBC 드라마 〈전원일기〉의 극작가로 활동하기도 했다. 목포와 관련된 작품으로는 희곡 「학이여, 사랑일레라」, 「옥단어!」, 수필집 『목포 행 완행열차의 추억』 등이 있다.

평생 64편의 작품을 쓴 작가는 갔어도 그의 생가 앞 노란 표지판은 그의 생애를 들려주고, 돌담집 차고를 개조해 만든 아주아주 작은 도서관에는 그가 남긴 자식 같은 저서들이 보물처럼 남아 있다.

아주아주 작은 도서관

한반도 끄트머리 항구 목포
오래된 골목 목원동엔
늘푸른 향나무가 있는 오래된 돌담집과
아주아주 작은 도서관이 있다

오래된 돌담 계단에 올라
녹슨 대문 사이로 들여다보면
오래된 녹색 마당 너머 흔들리는 나무 의자에 앉아
한 손으론 안경테를 잡고 조용하게 책장을 넘기는
큰 어른의 단아한 한복이 어린다

목원동 골목 아주 작은 도서관에
허리 굽혀 들어가면
차범석, 그 큰 어른의 그늘 아래
오롯이 문학과 촉촉이 젖는다

고향 목포 산하는 문학과 연극의 뿌리
그 뿌리가 아직 살아 있다
다시 새순이 돋고 가지가 자란다
목포 목원동 골목 돌담집
아주아주 작은 도서관에서

제10화

국어 시간에
희곡
낭독하기

희곡 「옥단어!」는 1930년대~1950년대 목포에 살았던 실존 인물 옥단이의 삶을 다룬 목포 출신 작가 차범석의 대표작이다.

옥단이는 날품팔이꾼이다. 이 집, 저 집 다니면서 허드렛일도 해 주고 수돗물을 길어주고 애경사 때는 빠짐없이 드나들었다. 시간이 늦으면 골방이건 마루건 아무 데서나 새우잠을 자곤 했다. 옥단이는 성격이 낙천적인 데다가 몸집은 유달리 풍만했다. 곱지도 않은 얼굴에는 언제나 지분을 발랐고 붉은 댕기를 물려 쪽을 지고 값싼 옥비녀를 꽂아 멋을 부렸다. 지능의 발달이 약간 지진한 데다가 언제나 싱글벙글 웃으면서 누구에게나 격의 없이 대하는 친근감이 있었다. 그래서 어른이건 아이건 그를 부를 때 "옥단어!"라고 하대했다. "옥단어!"라고 누구나 스스럼없이 부르던 밉상스럽지 않은 그 성품은 만인의 친구이자 말벗이기도 했다.

옥단: (자리에서 일어나며) 그렇지만 나대로 사는 날까지 살 것이구먼요. 그럼 봉춘 아부지. 잘 계싯쇼. 잉? (절을 꾸벅한다.)
태길: 이것 보드라고⋯ 옥단이! 어디 가?
_ 차범석, 「옥단어!」 중에서

실실 웃으며 장난스럽게 낭독하던 아이들의 목소리가 어느새 젖어 있었다. 자신도 모르게⋯.

옥단어

이것 보드라고… 옥단어!
어디로 갔어?

교과서 국어책도 궁여지책으로
겨우 읽는 요즘 아이들에게
아주 옛날 목포 이야기는 뜬금없고도 낯설었다지

옛날 목포 사투리에 실실 웃으며 겁나 웃겨요
쑥스러워하며 얼굴을 붉혔지
그 옛날 집집마다
물을 길어다 주던 물지게는
민속박물관에서나 보았다지

헤헤실실. 물지게를 져 나르며
유달산 깔그막 아랫동네
실핏줄 지렁이 같은 북교동 골목마다
눈물 뿌리고 솨아
하얀 웃음 나르던 옥단어

이것 보드라고… 옥단어!
근디 왜 눈물이 난다냐?

제11화

구름다리 아래에서
차범석을 만나다

　목원동 차범석 생가에서 옥단이길의 차범석 거리를 따라 내려가면 차범석 작가와 작품을 벽화로 표현한 구름다리를 만난다.

　"오매~ 허벌라게 좋쿠만. 무담시 와갖고 고생허요!"

　구수한 목포 사투리가 반겨 주는 무지개 구름다리, 차범석 작가의 벽화에는 그의 대표작 「불모지」, 「산불」, 〈전원일기〉가 형상화되어 있다. 목포에서 태어나 농사를 지어 보지 않은 작가가 농촌 드라마 〈전원일기〉 대본을 썼다. 그래서 그의 대본은 농사일에 대한 이야기가 아니라 공간적 배경이 농촌인 인간관계에 대한 이야기였다고 한다. 그래서 오랫동안 사랑받은 국민 드라마였는지도 모른다.

구름다리 아래

붉은 댕기머리 옥단이가
물지게를 나르던 옥단이길
콩나물 동네 사람들이
잘 키운 노란 콩나물을 나르던 길
뚜벅뚜벅 걷다 보면
오매~ 허벌라게 좋쿠만
무담시 와갔고 고생허요
구수한 숭늉 같은 사투리가 반기는
목원동 무지개 구름다리

목원동 구름다리 아래
파란 하늘 뭉게구름 흘러간다
시간의 역사를 만난다
산불처럼 시뻘겋게 휩쓸고 간
전쟁의 상처 속, 절망의 불모지에서도
다시 사람들은
땅을 파고 씨를 뿌리고 거두고
사람들은 다시 살아가고 사랑하고
우리들의 전원일기는 계속 쓰이고 있다

전원일기는 아직도 방송되고 있다

제12화

희곡을
동영상으로
만들기

국어 시간에 차범석의 희곡 「산불」을 읽었다. 6·25전쟁의 참혹함과 그 속에서 드러난 인간의 본질과 존엄성을 표현한 작품이다. 희곡을 읽고 감상 시 쓰기, 감상문 쓰기, 감상화 그리기, 4컷 독서만화 그리기, 주인공에게 편지 쓰기, 가상 인터뷰하기, 뒷이야기 이어 쓰기 등 다양한 독후 활동을 했다.

독후 활동을 토대로 모둠별로 낭독극, 연극, 애니메이션 등의 동영상으로 만들어 발표하는 시간을 가졌다.

특히 우수 작품은 '2021 낭만항구목포 전국학생콘텐츠 공모전'에 출품하도록 격려했는데, "차범석의 「산불」에서 슬픈 역사를 읽는다"란 주제로 금상 1팀, 그 외 은상 1팀, 가작 3팀이 수상했다. 학생들의 순수한 감성과 참신한 표현과 아이디어를 표현하는 좋은 기회였다고 생각한다.

금상을 받은 학생 작품이 목포문학박람회 공식 유튜브에 동영상으로 업로드가 되었다. 자기들이 만든 동영상이 유튜브에 올라간 것도 신기하고, 목포문학박람회 홍보에 도움이 되었다며 상기된 표정으로 "참, 뿌듯해요!" 한다.

산불

탕탕 총소리가
거센 태풍처럼 대밭을 흔들고
온 산하를 뒤집어 놓는다

사람이 있다
대밭에 사람이 있다

대밭이 타들어 간다
활활 불타는 소리
안 된다 안 된다 울부짖음도
삼켜 버린다

대밭이 타들어 간다
시뻘건 산불이 활활
모든 것을 집어삼킨다

울부짖음은 눈물이 되어
몇십 년을 주룩주룩 흘러내렸던가
대밭이 쉬이 쉬이 숨을 쉰다
검게 탄 재 속에서
하얀 죽순이 삐죽 고개를 내민다

산불 지나간 자리에 다시 초록이 푸르다

차범석, 〈산불〉
(낭만항구목포 전국학생콘텐츠 공모 당선작)

제13화

김우진과
북교동성당

가을 햇살 좋은 날, '목포 근대문학길 김우진 거리'를 걸었다. 김우
진(1897~1926)은 우리나라 최초로 서구 근대극을 연구하고 직접 무
대에 올린 한국 연극의 개척자로 「산돼지」, 「이영녀」, 「난파」 등 희곡
5편, 시 50편, 소설 3편, 문학평론 20편을 남겼다.

북교동 성당은 일제강점기 목포의 갑부이자 개화 사상가로 무안감
리를 지낸 김성규의 대저택 '성취원'이 있던 곳이다. 김성규의 큰아들
인 김우진은 성취원 내 양옥 건물인 '백수재'에 머물면서 유달산 기
슭을 무대 삼은 희곡 「이영녀」 등 여러 작품을 집필했다. 그곳엔 '극
작가 김우진 문학의 산실', 표지석만이 쓸쓸하게 남아 있다.

별은 지고

목포 유달산 아래
북교동 성당 하얀 십자가 첨탑
늦가을 햇살 눈부시고 쓸쓸하다

100년 전 그가 살다 갔다
검게 타 그을린 별, 초성(焦星) 김우진
모든 것을 이루고 싶었던 '성취원'에
시대를 앞서 빛난 별은 서둘러 떨어졌다

그 옛날 그 사람은 가고
검푸른 현해탄 거친 파도에 사랑과
노래와 문학과 함께 깊이깊이 몸을 던지고

서둘러 가버린 그을린 별자리
북교동 성당 십자가 첨탑
성모 마리아께 기도하는 여행자의
여윈 어깨 위로 늦가을 햇살 한 줌 내려앉는다

제14화

김우진의
의자

'한국 극예술의 선구자' 김우진을 만나다. 김우진의 의자에 앉아 그의 희곡 「난파」를 읽으며 그의 삶을 생각해 본다.

　복잡하게 얽힌 유교식 가족구조 속에서, 진보적 서구 사상을 지닌 한 젊은 지성인인 시인의 정신적 몰락 과정을 상징적으로 묘사하고 있다.
　작가의 진보적 사상과 전형적 봉건 가정은 궁극적으로 타협할 수 없었고, 결국 주인공의 파멸로 끝맺을 수밖에 없었던 것이다. 이러한 내용은 전통 윤리와 서양적 근대 윤리 사이에서 갈등하다가 자살로 끝맺은 김우진 자신의 삶과 일맥상통하는 데가 있다.

_「난파(難破)」(한국민족문화대백과, 한국학중앙연구원)

난파

파도는
나를 삼켜 버릴 것이다
시대의 파도
아버지, 어머니, 가족의 파도
거부할 수 없는 파도가
나를 삼켜 버릴 것이다

벗어날 수 없는 파도에
나의 목선은 산산이
처참하게 부서지고
난파하여 표류하는 영혼들

깊고 깊은 검푸른 심해로
떨어지는 부서진 영혼
한 줄기 빛이 있어
누가 있어 기억의 실타래
흰 빛줄기에 작은 떨림 남기며
한 올 한 올 다시
감아올릴 수 있을 것인가

제15화

김지하의
바다는
어디에?

유달산 일주도로를 따라 서편으로 돌면 다도해가 한눈에 보이는 언덕에 어민동산이 있다. 잔디밭, 꽃과 나무들, 그리고 분수로 아름답게 꾸며져 있는 이곳은 유달산 둘레길의 시작점이다. 어민동산은 바다와 더불어 살다 간 목포 어민들의 망혼을 위로하고, 해양을 개척해 나가는 어업인의 기상을 기리는 곳이다. 거친 파도를 헤쳐 나가는 바닷사람들을 상징하는 어민상과 목포 출신 세계적 시인, 김지하의 시〈바다〉가 새겨진 시비가 있다.

언덕에서 목포대교를 지나 먼바다로 향하는 배들을 바라본다. 고향 바다를 사랑했던 김지하 시인의 '바다'는 어디로 갔을까?

바다로 간 시인

내 고향 목포
굽이굽이 황토의 언덕
비녀산 성자동 언덕에
남겨두고 떠나온 한(恨)의 눈빛들

소나무 등 굽은 언덕에 올라
바닷물 한 겹 한 겹 차오르는
개펄, 무심하게 바라본다
타는 목마름으로 부르던
들끓던 바다의 노래
아직 희미하게 들리는가

시의 어머니, 내 고향 목포
유달산 일등바위 하늘을 건너
대반동 고하도 바다를 달려
저 멀리 우주 생명의 바다로
흰 그늘의 시인이 노 저어 가는가

제16화

산정동에서 김지하의 일기를 보다

나를 여기에 묶는 것은 무엇이냐

뜨거운 햇발 아래 하얗게 빛날 뿐

　김지하의 시 〈산정리 일기〉는 이렇게 시작한다. '산정리'는 지금의 목포시 산정동 일대로 당시엔 채석장이 있었다고 한다.

　암울한 독재 치하에서 자유를 갈망하던 그의 고뇌가 보인다. 학생 운동으로 지명 수배된 그가 숨어 지냈던 산정리 언덕 근처엔 한국 가톨릭 목포성지가 있다. 목포 시내를 굽어보는 예수상 뒤로 붉은 황혼이 지고 있다.

산정동 일기

산정동 언덕에서
목포의 시인 지하를 만나다

어린 시인이 뛰어놀던
산정동 초등학교는
늙어 가는 옛 골목들과 함께 쇠락하고
아이들 몇몇만 운동장을
가로질러 뛰어간다

연동 뻘바탕 수돗거리
그의 탯자리는 길 위로 사라지고
그가 남긴 일기만 꿋꿋이 남아
암울한 시대 바위를 깨던
채석장 남포 소리를 들려준다

노을 지는 산정동 언덕에서
지하를 생각하며 산정동 성당을 바라보다
금관의 예수*를 만난다

---

* 금관의 예수: 김지하가 1971년 쓴 희곡으로 도입부에 등장하는 시를 발췌해 김
  민기가 곡을 붙인 노래도 있다.

제17화

김현의
평론은
바다다

한국 문학평론을 '비평문학'의 위치로 끌어올린 김현을 목포문학관에서 만났다. 김현의 평론의 바다에 풍-덩 빠져 버렸다.

　　선창에 나가 서너 시간씩 바다를 바라보고 앉아 있으면서 어린 시절을 보냈다. 지금도 내 어린 시절을 회상할 때면, 옻나무와 발목까지 빠지던 펄의 감촉이 맨 처음 되살아 나오고,

_『두꺼운 삶과 얇은 삶』(1978)

　　자기에게서 멀리 떨어질수록 자기에게로 가까이 간다! 그 모순이야말로 인간 존재의 비밀을 쥐고 있다. _『김현 예술 기행』(1975)

　　정말로 바다로 가는 길을 나는 알지 못하지만 그러나 바다로 가는 노력을 나는 그쳐 본 적이 없다. _『존재와 언어』(1964)

　　나는 다시 내 유년기의 바다에 와 있었다. (…) 나는 모래밭에 주저앉았고 북해의 바닷물을 만졌다. 그리고 소리쳤다. '어머니'라고. _『아르파공의 절망과 탄식』(1975)

목포 바다

바다 내음 가득한 선창가
검은 개펄의 질펀한 감촉
여름 모깃불 매캐한 냄새
유년의 목포 바다는 문학의 시원이었다

짙푸른 바다에 뜬 섬처럼
외로운 말들은 둥둥 떠다녔다
멀리 안개 자욱한 섬들 바라보았다
바다 한가운데 표류하던 언어들이
하나둘… 항구의 해변으로 밀려왔다

검푸른 바다에서 자맥질하던
잠수부들 하나둘… 솝뜨기* 시작한다
망사리에는 해삼, 멍게, 전복처럼
목포 바다에서 건져 올린 문학들 풍요롭다

다시 바닷바람에 휘청거리는 항구
오늘도 눈 밝은 어떤 잠수부
문학 바닷속 책장 넘기며
깊고 깊은 심연으로 풍-덩 빠져든다

---

* 솝뜨다: 아래에서 위로 솟아 떠오르다.

제18화

문학박람회에서
목포를 보다

　2021년 가을, 목포문학박람회 주제관 목포문학호에 승선하여 각
항구에 닻을 내리고 문학의 향기를 느껴 보았다.

　제1항구-한국 근대 문학의 시작점 목포의 문인 김우진, 박화성, 차
범석, 김현 등의 발자취를 따라 걸었다. 제2항구-황금어장 남도문학
과 목포 문학의 배경이 된 남도, 섬 그리고 바다를 따라 거닐었다. 제
3항구-세계로 항해하는 한국 문학의 숲을 거닐었고, 제4항구-디지
털 놀이로 즐기는 미래 문학과 만날 수 있었다.

　목포 문학 항구에서 과거-현재-미래의 목포 문학 속에서 한국과
세계를 볼 수 있었다. 목포는 미래로 세계로 나가는 푸른 바다다!

목포에서

하얀 목화꽃 피었다 지고
목화솜처럼 소복소복 눈송이
날리는 목화 포구를 휘돌아
슬픈 뱃고동 소리 울리고
하얀 물결 흔들며 여객선은 떠나고

하얀 눈발이 날리는 부두엔
싱싱한 비린 내음과 춤추는 갈매기
조기 그물을 터는 바쁜 손놀림
바다에서 건져 올린 삶의 노래가
황금빛 비늘처럼 팔딱 빛나는 곳

목포에선 누구나 문학의 바다에 빠진다
목화솜처럼 따뜻한 바다에 빠질 것이다

제19화

문학박람회 콘텐츠에서
미래를 보다

　2021년 가을 목포문학박람회 전시관에는 다양한 볼거리가 가득했다. 특히 미디어셀러관은 문학의 다양한 변화를 보여 주는 웹툰, 드라마, 영화 등의 미디어 산업을 경험할 수 있는 전시관이었다.

　K-콘텐츠 전성시대를 이끌며 황금알을 쏟아내는 거위가 되고 있는 웹툰, 웹소설에 대한 자료와 정보를 볼 수 있었다.

　'도전 웹툰 작가' 코너에서는 캐릭터 고르기부터 텍스트까지 직접 선택하여 나만의 웹툰을 만들어 웹툰 작가 체험을 할 수도 있었다.

　미래 먹거리인 K-콘텐츠의 기본은 문학적 상상력이다. 미래 K-콘텐츠는 문학에서 출발한다.

미래를 보다

'K'는 요즘 뜨는
소위 말해 핫하다는
세계적으로 알아준다는
미래 먹거리라는데
단숨에 종잇장을 넘어
아주 넓고 촘촘한 거미줄을 타고
세계로 멀리멀리 퍼져 갔다는데

허구한 날 핸드폰에 코 박고
뭘 그리 뚫어져라 보는데
어라!
위태롭게 거미줄 타고 보던 만화가
드라마로 영화로 빵빵 터지는데
세계에서 엉덩이가 들썩거린다

뚫어져라 보는 눈에는
보이지 않는 미래가 보이는 모양이다

제20화

어떤 시인과의
만남

　　2020년 여름방학을 앞두고 이대흠 시인과의 만남 '나는 시톡한다'
를 마련했다. 코로나19 상황이라 방역 수칙에 따른 거리 두기로 제한
된 인원만 강당에 참여할 수 있었다.

　　이대흠 시인의 '시로 까톡' 하듯이 시를 쉽게 쓰는 방법에 대한 명
쾌하고 재미있는 강의를 들었다. 〈아름다운 위반〉이란 시를 학생들이
무대에 올라 직접 낭송했다. 전라도 사투리의 입말을 살린 시를 읽는
맛을 느낄 수 있었다.

　　행사의 끝머리에는 시인의 시집에 사인도 받았다. 세월이 흘러 문
학소녀들은 중학교 때의 이 만남을 어떻게 기억할까?

어떤 시인

14살 소녀입니다. 아
무척 더운 여름날이네요
마스크를 쓴 소녀들이
코로나 시국이라고
띄엄띄엄 거리를 두고 앉았네요
평소에도 그닥 친하진 않아요
뭐, 시인하죠

시톡을 한다고요
까톡은 해 봤어도
시톡은 무엇인지?
시를 톡 하듯이 하라고요
톡 할 땐 우린 솔직하고 자유롭죠
아, 시도 그렇게 쓰라고요

아름다운 위반이 가능하다고요
솔직하게 까발리라고요
발칙하게 상상하라고요
오호, 그런 건 우리들 특기죠

저, 그럼 오늘부터 시인하죠

제21화

그리움을 보다,
복도 시화전

국어 수업 시간에 만든 자작시를 전시한 복도 시화전은 가장 쉽게 가장 친근하게 접할 수 있는 문학의 첫걸음이다.

"선생님. 시는 읽는 것도, 쓰는 것도 너무 어려워요!"

"음, 그렇지. 시를 읽을 땐 눈으로 먼저 읽고 다음엔 입으로 읽고 그다음엔 눈을 감고 머리로 읽고 그다음엔 눈을 감고 가슴으로 읽어 보렴. 그럼 시의 바다로 풍덩 빠져서 헤어나기 싫을지도 몰라."

"그리움을 소리로 표현하면 노래가 되고, 그리움을 그리면 그림이 되고, 그리움을 글로 쓰면 시가 된다는 말이 있어. 네 안에 그리움을 글로 그려 보렴. 그림 그리듯이, 노래하듯이…"

시에 꽂히다

거친 모래알이 가슴을 쓸고 갈 때
검게 갈라진 아스팔트 길을 걸어
목에서 울음이 넘어올 때
고개 들어 푸른 하늘을 쳐다봐

어쩌다 그리움을 그려 봐
하얀 노트에 한 글자 한 글자 쓸 때
마음의 솔숲 사이로 허전한 바람이 불어
어쩌다 시를 읽어 봐
한 글자 한 글자 따뜻한 눈길을 줄 때
그리움이 지나가는 소리가 들려

어쩌다 시에 꽂히면
하얀 찔레꽃이 그리운 향기로 피어나고
어쩌다 시에 꽂히면
밀물처럼 젖어 오던 슬픔이
한 겹 한 겹 단단하게 쌓이는 모래톱을 걸어 봐
어쩌다 시에 꽂히면
초승달 뜨는 밤에도 외롭지 않은
바위 위에 서 있는 사람을 만날 거야

제22화

시 낭송
나도 할 수 있다

　2020년 가을을 보내고 찬 바람이 불어오는 겨울, 도서관에서 교내 시 낭송 대회를 했다.

　시 낭송! 어렵게 생각할 필요는 없다. 누구나 시도해 보면 잘할 수 있다. 먼저 자신이 좋아하는 시를 한 편 골라 시의 내용을 충분히 파악한다. 낭송할 시와 자신의 목소리에 어울리는 음악을 찾는다. 시를 외우고 음악에 맞춰서 낭송하며 녹음한다. 낭송을 녹음하여 들어보는 반복 과정을 통해 목소리의 강약, 호흡 위치, 낭송 속도를 조절하며 수정 보강한다. 누구든 암송할 수 있는 시 한 편은 있어야 한다고 생각한다. 특히 학창 시절 암송한 시는 평생을 간다.

너의 목소리

떨리는 너의 목소리
시어를 타고 흐르며
감정선을 타고 흐르는 목소리
시 낭송은 공명의 세계가 된다

봄날의 아지랑이처럼 아른한
보슬보슬 보슬비처럼 소곤대는
여름날 매미 울음처럼 쟁쟁한
소낙비처럼 가슴 후련한
철썩철썩 파도처럼 울렁대는
가을밤 풀벌레 소리처럼 외로운
찬 바람에 떨어지는 낙엽처럼 처연한
눈 내리는 밤 소복소복 정다운
너의 목소리가 시를 타고 흐른다

너의 목소리가 시 속으로
나를 이끌고 간다
말들의 사원에서 너를 만난다
나는 그 순간 훅 네게 빠진다

제23화

녹향문학소녀들,
인터넷 카페에서
만나요

학생 인문·책쓰기 동아리인 '녹향문학소녀들'의 활동 주제는 '목포 문학 풍경, 시가 되다'이다. 시화골목, 목원동 근대문학거리 등 목포 문학과 관련된 풍경을 사진에 담아 목포와 목포 문학을 시로 표현하는 활동을 하고 있다. 방과후활동과 인터넷 카페 활동 2개의 축으로 굴러간다. 방과후활동으로 목포 문학 답사, 목포 풍경 시 쓰기, 독서 후 감상 시 쓰기 등을 하는데 그 결과는 네이버 동아리 카페에 올려서 공유하고 댓글을 달면서 의견을 교환한다.

'녹향문학소녀들' 네이버 카페는 인터넷 공간에서 학생들과 교사가 함께 생각을 주고받는 문학 교류의 장이다.

바다 카페

인터넷의 바다 카페엔
문학소녀들의 흔적이 차곡차곡
쌓여 간다 바닷속 줄무늬가 생긴다

여름날의 뜨거운 햇빛과
비바람과 태풍이 몰아치던
사춘기의 바다에서 서성거린다
고집과 반항과 무지의 바윗돌 산산이
부서져 자갈이 되고 모래가 되고 흙이 되어

어느 이름 모를 강이나 바다에 가닿는다
드넓고 깊고 푸른 바다에 가라앉는다
그리고 쌓이고 쌓여 단단하게 다져진다
헛된 생각들 사이엔 아름다운 상상이 채워지고
다져지면서 다시 부서지기도 하고
그리움이 채워지거나 노래가 채워지면서
겹겹이 쌓여 색이 달라지고 달라지면서
자기의 고유한 줄무늬가 생기는 것이다

그렇게 인터넷의 바다엔
문학소녀들의 상상력이 무늬를 만들어 간다

제24화

도서관,
보물창고
이야기

　가끔 점심시간에 도서관에 들러 새로 들어온 보물은 어떤 게 있나 살핀다. 나보다 먼저 새 책 냄새를 맡고 온 녀석들이 많다. 서가를 꼼꼼히 살피는 아이들의 눈빛은 살아 있다. 모래 속에 섞여 있는 사금을 골라내듯이 자기에게 딱 맞는 책을 고르고 있다.

　한 권의 책이 사람의 인생을 바꾼다는 말이 있다. 물론 많은 책을 읽으면 더욱 좋겠지만 정말 자신에게 딱 맞는 한 권의 책, 인생 책을 만났다면 귀인을 만난 것이나 다름없다. 책을 몇 페이지 읽다 보면 정말 자신에게 딱 맞는 책을 발견하게 된다. 그럼 이제 자리를 잡고 앉아서 인생의 귀인을 만나면 되는 것이다.

사금을 캐다

나의 취미는 사금 채취
가까운 도서관으로 가요
빽빽하게 책이 꽂힌 서가에서 금을 골라내요

별들이 생을 다하고 죽으면 만들어지는 금
책들이 생을 다하고 죽기 전에
금쪽같은 이야기들을 골라내야죠
물론 누구나 사금 채취는 가능합니다
도서관은 누구에게나 열려 있으니까요

사금을 캐려면 보는 눈이 있어야 해요
금은 모래보다 무거워요
물이 깊고 물살이 빠른 곳
모래보다 무거운 사금이 가라앉은 곳
무성한 풀뿌리 아래를 잘 살펴보세요

켜켜이 쌓인 책장 속에서
깊은 물, 모래 무덤 속에 숨겨진
사금을 한 알 한 알 골라서
내 마음 접시에 소중하게 담으면
반짝반짝 빛나는 보물단지가 되지요

제25화

한 번쯤
백일장에서
글을 써 봐

2019년 5월, 목포문학관에서 열린 '전국 소영박화성 백일장'에 녹향문학소녀들이 참가했다. 요즘 아이들은 글쓰기를 무척 어려워한다. 말할 때는 술술 막힘없이 잘 나오는데 종이에 쓰려면 뭘 써야 할지 막막하다고 한다. 맞춤법, 띄어쓰기, 문장 성분 등 갑자기 자신감이 없어진다는 것이다. 하지만 일단 생각나는 대로 쓰기 시작하면 쓸 수 있다. 그리고 다시 읽고 고쳐쓰기를 반복하는 것이다.

백일장에서 상을 받으면 좋고, 상을 못 받아도 좋다. 이미 글을 쓰며 자기 성찰과 치유의 경험을 쌓았기 때문이다. 도전의 기회가 더 많이 주어진 것이라고 생각하면 오히려 득이 된다.

글이 내게로 온다

글감이 뚝 떨어졌어
음… 감나무에서 감이 뚝 떨어지듯

어떤 글감이든 느낌이 오는 감 잡아
그리고 찬찬히 들여다보는 거야
감이 잘 익었나 쳐다보듯

글감의 지난 시간을 상상해 봐
감나무에 연두색 새순이 돋고
햇빛에 몸을 맡겨 광합성을 하고
봄비에 촉촉이 몸을 적시고
비바람에 한없이 몸을 떨기도
태풍 번개가 내리칠 때는 가지가 부러지기도 하고
가을 햇살과 바람에 단단히 여물어 가고
발그레 얼굴 붉히며 홍시가 되어 가고
몇 개 남은 까치밥 홍시는
하얀 눈을 고깔모자처럼 뒤집어쓰기도 하고

글감이 홍시처럼 잘 익으면
그늘지고 바람 잘 통하는 곳간 바구니에 가지런히 담으면
그때, 글이 내게로 와

제26화

가온누리
독서의 밤

우리 학교는 해마다 가을이 오는 길목에 도서관에서 밤새우기 행사를 한다. 2020년에는 코로나로 모든 행사를 축소해서 진행했다. 코로나 시국이라 '도서관 밤새우기' 이름에 걸맞지 않게 도서관에서 책을 보며 꼴딱 밤을 새우는 1박은 못 하고, 당일 밤 10시까지만 있었다.

점심시간 후 온라인 서점 나들이를 시작으로, 모둠별 자화상 만들기, 시(詩)화(畵) 제작, 독서퀴즈와 독서토론, 별 헤는 밤-별 보기, 자작시 낭송 및 소감 나누기 등의 활동이 이루어졌다.

물론 학생들은 독서 토론할 책은 미리 읽어 오고, 시화 제작을 위해 자작시도 미리 구상해 왔다.

가을이 오는 길목에서 함께 독서토론을 하는 아이들의 목소리는 상기되었다. 자신들의 생각을 의견들을 모아 결론을 도출해 내는 과정을 보여 주었다.

도서관의 밤

도서관의 가을밤
아이들의 책 읽는 소리
옹기종기 서로의 생각을 나누는
와글와글 소리 평화롭다

함께 읽고
함께 세상을 본다
함께 말하고
함께 마음을 나눈다

귀뚜라미, 가을을 데리고 오는 밤
가을 어느 한 날, 한 시
한 공간에서
한 책을 공유했던 소녀들
셀 수 없이 많은 가을날이 지나고
낙엽 따라 어디로 가 있을까?

귀뚜라미 소리, 아름다운 가을밤
함께 갉아 먹는 아름다운 책들
아름다운 시간의 그물로
아름다운 영혼의 깊은 눈으로
훌쩍 성숙한 소녀들 내일을 간다

제27화

한글날
그리고
우리말 사랑

10월 9일 한글날은 1443년 세종대왕이 창제하고, 1446년 반포한 훈민정음(訓民正音), 한글의 창제를 기념하고 그 우수성을 기리기 위한 날이다. 학교에서도 '한글날 기념엽서 만들기'와 '곱고 바른 우리말 사용하기' 운동을 펼쳤다.

일제 치하에서도 지켜낸 우리의 한글, 우리가 사는 오늘날 우리는 어떻게 지켜내고 있는가? 한글을 아름답게 지키고 가꾸어야 할 최일선에 있는 방송이나 신문, 정부, 지역 자치단체, 학교 등에서 앞장서야 할 것이다.

별생각 없이 내뱉는 비속어나 신조어와 은어 사용의 문제점도 생각해 보아야 할 것이다. 창의적이고 참신하다는 의견도 있지만 심각한 언어 파괴와 세대 간 소통의 어려움을 가져올 수 있다. 말과 글은 그 사회의 정신이다. 얼굴이고 영혼이다.

아이들이 외친다.

"아름다운 우리말"

"사과같이 예쁘고 의미 있는 한글."

"고운 말 쓰는 일 고운 길로 가는 일."

"공기와 물처럼 소중한 우리 한글."

말을 위하여

그저 지나가는 말결에라도
말결을 지키도록 해 주소서

무심코 던진 말 한마디가
말거리가 되지 않도록 하소서

말꼬투리 잡아 으르렁대는
말썽거리 되지 않도록 하소서
말꼬리로 티격태격 말다툼하지 않도록
어두운 말귀를 밝혀 주소서

말문을 막지 말고 말문을 열게 하소서
말꼭지를 자르거나 말허리를 꺾지 않게 하소서

그리하여 사랑의 말먹이를
말구유에 가득 담게 하여 주소서
아름다운 말굽 갈게 하소서
말길 트이고 말길 통하게 하소서

촛불 밝혀 만든 말모이의 말뚝을 따라
따스하고 빛나는 말길 걷도록 하소서

제28화

깊이 읽고
독서토론대회

　코로나 때문에 토론 참여 학생들만 북카페에 모여서 토론대회를
했다. 국어 시간에 토론 수업을 진행한 후, 참가 희망팀은 토론 입안
서를 제출했다. 각 팀의 토론 개요서와 입안서 총점이 높은 두 팀이
본선 진출하여 최종 결선을 치렀다.

　토론 예절 및 토론 규칙을 지켰는가? 주장에 대한 논거가 타당하
고 설득력이 있고 참신한가? 토론의 쟁점이 명확하고, 상대방의 논리
적 오류에 대한 비판이 적절한가? 등을 지켜보았다.

　서로 상대방의 논리를 비판하며 열나게 토론하던 아이들의 상기
된 볼이 너무 사랑스러웠다. 끝나고선 서로 어깨를 토닥거리는 것도.

지금 우리는

우리에게 너무 많은 말을 묻지 말아 주세요

동물을 대상으로 한 실험을 금지해야 한다
교복을 폐지해야 한다
인터넷은 유익한 점보다 해로운 점이 더 많다
중·고등학교의 수준별 수업은 필요하다
임신중절수술은 금지되어야 한다
산업 발전보다 환경 보호가 더 중요하다
기후변화 문제 해결을 위한 2050 탄소중립은 실현 가능하다
보다 나은 사회를 위해서는 다수의 의견에 따라야 한다
인공지능 로봇 가수가 그래미상을 받을 수 있다

이 모든 문제들은 어떻게 생겨났을까요
병 주고 약 주는 이 시대에
발 없는 말로 무엇을 할 수 있을까요

제29화

독후감
공모전이
끝나고

녹향문학 동아리 학생들과 주제탐색 국어반 학생들이 이꽃님 작가의 『세계를 건너 너에게 갈게』를 읽고 독후감 쓰기 공모전에 도전했다. 그 결과 2명의 학생이 상을 받았고 독후감 공모 우수 학교로 선정되었다. 소설책이 가득 든 택배 상자가 학교에 도착했다.

녹향문학소녀들이 방과후활동을 하는 북카페 '마중물'에 책을 두기로 했다. 책 앞표지에 '녹향문학소녀들' 도장을 야무지게 꽝 찍었다.

아이들이 책 제목을 가나다순으로 정리하여 책꽂이에 직접 꽂았다. 녹향문학소녀들의 3년간의 활동 결과물인 세 권의 문집도 나란히 꽂혀 있는 책장을 바라보니 뿌듯하다. 올해 말에 또 한 권의 문집이 그 옆에 꽂힐 것이다.

책장

책장에 책을 꽂는다
책 한 권은 한 사람이다

책장에서 책 한 권을 빼어 든다
책을 펴고 첫 페이지를 넘긴다
한 사람이 걸어 나온다

제30화

문학으로
미래인재가
되다

　'녹향문학소녀들' 동아리 활동을 3년째 꾸준히 해 온 3학년 경은이가 기쁜 소식을 전한다. 미래인재에 신청서를 내 본다고 하더니 드디어 선정되었다고 한다. 전라남도청 김대중홀에서 미래인재 증서 수여식이 있다고 한다. 기꺼이 가서 사진도 함께 찍고 미래의 인재됨을 축하해 주었다.

　경은이는 3년 전 방과후 문학동아리 활동에 스스로 혼자서 찾아왔다. 내가 담당하는 수업 학년이 아닌데도 '문학'이라는 것에 이끌려서 왔다고 했다. 또래 아이들이 삼삼오오 몰려다니는 것과 달리 자신의 주관이 있는 아이였다. 그리고 3년간 보여 준 모습은 진지하고 성실하고 꾸준했다. 해마다 문학과 관련해 굵직한 상들을 받았다. 이러한 노력이 미래인재 선정으로 이어진 것이다.

　과학고 진학을 꿈꾸는 경은이가 어디서 어떤 모습으로 성장하여 나타날지 생각하면 참으로 기대가 된다. 인문과학자 최재천 박사처럼 글 쓰는 과학자가 되어 나타날 것 같기도 하고….

　미래, 우리는 어떤 모습으로 만날까?

열네 살 인생

열네 살
동그랗게 뜬 빛나는 눈
호기심 노크하며
드르륵 문을 열고 들어서던
열네 살

스물넷, 서른넷, 마흔넷….
그 후로도 오랫동안
네가 읽은 책은
어느새 네가 되고
네가 쓴 시는
마침내 네가 되고

열네 살, 연둣빛 봄날의 씨앗

제3부

65살 중학생 이야기

제1화

너무
늦지 않은
입학식

우리 학교에는 또 하나의 학교가 있다. 누구나, 쉽게, 언제, 어디서나 인터넷을 통해 공부하고, 한 달에 두 번 주말에 출석하는 부설 방송통신중학교! 어려웠던 시절, 배움의 기회를 놓친 어르신들이 공부에 대한 한을 풀고, 다시 배움의 열정을 쏟아내고 있는 곳이다.

먹고사느라 바빠서 잊고 있었던 내면의 꿈을 찾아내는 곳이다. 어느 날 문득 방송을 보고 어릴 적 공부를 포기해야만 했던 아픈 기억에 엉엉 눈물을 쏟았다는 분, 자식들 뒷바라지하느라 공부 못한 설움도 잊었다는 분, 치매 예방에 좋다며 자식이 권유해서 늦게라도 배움의 길을 찾아오신 분, 아직 늦지 않은 꿈을 진심으로 응원합니다.

늦게 피는 꽃

까맣게 탄 주름진 얼굴
넉넉한 마음으로 웃은
당신의 검은 눈은
밤하늘의 별보다 더 총총, 반짝입니다

소설 속 시간 따라
사랑 시 낭독하고
몽당연필 꽉 잡은
거친 손으로 풀어 보는
지나온 인생 방정식

굿 모닝 하와 유 아임 파인
새벽 등굣길 손주 녀석과 나누었던
꼬부랑 인사 떠올리며
지나온 파란만장 도화지에
희망의 노란 물감으로 덧칠합니다

수업 시간마다 감사로
손뼉 치는 당신의 반짝이는 눈
늦게 피어난 꽃들이
하얀 눈 내리듯
온 교실에 소복소복 나립니다

제2화

가을,
억새꽃

한 달에 두 번 토요일 출근할 때마다 남편은 뭐 하러 고생을 사서
하느냐고 핀잔이다. 하지만 내가 좋아서 하는 일이라고 큰소리치고
나온다. 오히려 내가 힐링이 되고 행복해지는 토요일이다.

"오늘 새벽에는 안개가 좀 심했는데 어떻게 학교에 오셨어요?"

"아이고 우리 아들이 여그까지 태워다 줬제. 토요일마다 꼭 나를
학교 보낸다고 온당께."

"아이고, 효자 아들 두셨네요. 부럽습니다!"

가을 햇살이 깊어 가는 토요일 오후, 방송중 3학년 1반 교실에서
는 서로 자식 자랑과 칭찬과 부러움으로 한바탕 웃음꽃이 핀다.

가을, 억새꽃

어머니 오늘 학교 가는 날이지요
거울 앞에서 예쁘게 단장하시고
잊어버린 거 없이
책가방 잘 챙겨서 나오세요
새벽 안개 속을 헤치고
달려온 아들
어머니 등굣길 자가용으로 모십니다

어릴 적 새벽 도시락 챙겨
학교 가라 등 떠밀던 어머니
이제는 어머니 차례입니다

어젯밤 몇 번이나 뒤척이시던
어머니, 꿈속에서
교복 입고 지나가던 동무들 뒷모습에
눈물지으셨다지요

벚꽃 지고 봄날은 가고
그 무섭던 비바람 태풍도 지나가고
가을 국화 향기는 더 깊어 갑니다
동무들 등굣길 하염없이 바라보셨던

우리 어머니
앞산 마루의 가을, 억새꽃은
금빛 햇살처럼 춤을 춥니다
오매, 학교 가는 우리 어머니 마음 같습니다

오늘은 우리 어머니 학교 가는 날입니다

제3화

봄,
벚꽃 동산으로의
산책

학교 앞동산에 벚꽃이 그야말로 흐드러지게 피었다. 방송중학교 3학년 1반 학생분들과 봄동산에 올랐다. 담임선생님 덕분에 요런 꽃구경을 한다고 좋아하신다. 어여쁘신 우리 반 학생 어르신들!

"오매, 선생님 겨울도 아닌데 흰 눈이 내리는구만요."

"어머나, 저기 저 홍매화는 붉은 새색시 얼굴같이 곱당께요."

"오매, 저 붉은 동백꽃은 댕강 떨어져서 너무 슬프네요."

"아따매, 학교 앞에 요로코롬 좋은 풍경이 있는 줄 몰랐당께."

사춘기 소녀들처럼 감탄사를 내놓으며 핸드폰 사진 찍기 바쁘다. 여기저기 찰칵 소리에 아름다운 꽃들이 찰칵 피어나는 듯하다.

봄은 피고 지고

벚꽃 나무가
날개를 쫙 폈다
하늘 날아오르는 고니처럼
하얀 꽃잎들 피어오른다

시간의 주름이 스쳐 간
어머니들의 얼굴에도
봄은 활짝 피어났다
사춘기 소녀처럼

봄날, 흰 눈 내린다
봄 벚꽃, 꽃눈개비 흩날린다
흩날리는 꽃잎 따라
지나온 시간들이 흐른다

홍매화 붉은
새색시 얼굴처럼 곱게
봄날은 피어나고
붉은 동백꽃처럼
슬프게 봄날은 진다

제4화

방송통신중
이정자 장학금
이야기

　작년 3학년 이정자 님이 방송통신중학교 학예경연대회에서 특별상을 받았다. 초등학교를 졸업하고 14살 어린 나이에 서울에서 방직공장을 다녔다는 정자 씨는 그간의 이야기를 수필로 썼다.

　항상 밝고 긍정적인 정자 씨는 학급 반장으로 학생회 부회장으로 리더십과 봉사정신이 투철했다. 졸업할 때 최우수 졸업생의 영광도 함께했다. 모두 우리 학교 선생님들께서 도와주셔서 감사하다며 본교에 무언가 보답하고 싶다고 아주 작아서 부끄럽다며 장학금을 내놓았다. 그 마음이 더 아름답고 큰 장학금이었다. 정자 씨는 또 다른 길에서 행복을 찾고 있는 것이다.

또 다른 길

이정자

유튜브에 업로드한 이정자 님의 수필 낭송

정자 씨에게

중학교 대신 방직공장에 갔다던 정자 씨
하루 두세 시간 자고 이어지는 노동에
쏟아지는 졸음을 이기려고
의자에 제 몸을 묶었다던 정자 씨
자신의 꿈도 묶어 버렸다던 정자 씨

오십 넘은 나이에
방송중 광고를 보고 펑펑 울었다던 정자 씨
용기 내어 딸들에게 엄마 중학교 가고 싶다 말했다던
그리고 딸들과 함께 울었다던 정자 씨

남편과 함께 입학원서를 내고
학교 교문에서 사진 찍고 좋아했다던 정자 씨
폭설이 내린 새벽길 버스 창문
고드름을 녹여 가며 등교했다던 정자 씨

제일 먼 곳에서 다녀도 결석 한 번 안 했던
방송 강의를 듣고 또 들었다던 최우수 학생 정자 씨
천금 같은 장학금을 14살 중학생에게 내어준 정자 씨
의자에 묶어 버렸던 꿈을 풀어 나누는 정자 씨
또 다른 길에서 길 잃은 파랑새를 찾은 정자 씨

누군가 또 다른 길을 따라간답니다

제5화

서로 애틋한
엄마와 딸,
그리고 우정

작년 3학년 이성숙 님이 방송통신중학교 학예경연대회에서 동상을 받았다. 본인도 아픈 몸인데, 요양원에 계신 어머니에게 느끼는 죄책감과 그리움을 수필로 썼다.

성숙 씨는 3년 전 갑자기 찾아온 뇌경색 후유증으로 지금도 자주 병원 입·퇴원을 반복하며 치료를 받고 있다. 계단을 오르내리는 게 가장 불편하단다. 그래서 학교에서 성숙 씨 곁엔 항상 정자 씨가 함께 있어 부축하고 도와준다. 정자 씨는 결석이 잦은 성숙 씨가 공부할 수 있도록 예상 문제를 녹음해서 보내 주곤 한단다. 참 지극하고 아름다운 우정이다.

유튜브에 업로드한 이성숙 님의 수필 낭송

빈집

텅 빈 마당엔 키 큰 감나무만
하나 남은 홍시를 매달고
겨울바람을 견디고 있다
대문 삐걱대는 소리만 남아 있다

외로운 시골 빈집엔
두 팔 벌려 안아 주던 엄마가 없다
괜스레 여기저기 기웃거려 봐도
엄마는 보이지 않는다

소독 냄새 그득한 요양원
한 평 침상에서 엄마는 시들어 간다

서른 살 어린 나이에 혼자 되어
손발 찢기고 터지며 자식들 키워 내신
나보다 어렸던 우리 엄마
국밥을 좋아하시던 엄마
콩나물무침도, 낙지도, 홍어도…

시골 빈집, 사진 속 엄마를 붙들고
엄마의 귀가를 말하고 말한다
내가 돌아갈 집, 엄마를 말한다

제6화

영광스러운
할머니 시인의
탄생

2021년 방송통신중학교 학예경연대회 문예 시 부문에서 3학년 김경자 님이 동상을 받았다. 1학년 때부터 방송중 동아리 글쓰기부에서 틈틈이 글을 써 온 결과라고 한다. 경자 님은 70이 넘어 중학교에 입학했지만 누구보다 배움에 열심인 학생이었다. 영광에서 목포까지 왕복 2시간 넘게 버스를 타고 결석하지 않고 학교에 다녔다. 복지관에서 붓글씨와 하모니카도 배우고, 지역 문인회에서 글쓰기도 배우며 자신의 이름을 찾아가고 있다.

병석에 계신 구순의 어머니에 대한 절절한 연민을 시로 담아낸 경자 님의 시 낭송을 듣고 모두 눈물 글썽거렸다.

또 다른 길

김경자

인생은 꿈이라고 했던가
힘이 들 때마다 더 달려온 인생길

유튜브에 업로드한 김경자 님의 수필 낭송

영광, 시인 할머니

어느 칠순의 중학생 딸
알록달록 무거운 책가방을 메고
학교 다녀오겠습니다 씩씩하게 길 나설 때
어릴 적 못다 해 준 미안함에 눈물 글썽이는 구순의 어머니

어느 칠순의 중학생 딸
글짓기 시간에 쓴 시를 들고 학교 다녀왔습니다
늦깎이 학생 시인이 쓴 시를 읽으면
주름진 웃음 지으시는 구순의 어머니

어느 칠순의 중학생 딸
늦깎이로 배우는 글공부
서러웠던 세월 지우듯이 연필 꼭꼭 눌러쓴 시 한 줄이
마른 마음을 적시고 경계를 허뭅니다

어느 칠순의 중학생 시인
늦었으나 늦지 않은 또 다른 길에
잃어버린 이름을 찾아 새기듯이
제 목소리 꼭꼭 담아 쓴 시 한 줄이
노을 붉게 물드는 영광 땅에
영광스러운 시인 탄생을 예고합니다

제7화

이름처럼
살아가는
사람

2021년 방송통신중학교 학예경연대회 문예 시 부문에서 3학년 최공순 님의 시 〈어머니 마음〉이 동상을 받았다. 사람의 이름을 보면 그 사람을 알 수 있을 것 같다. 누구든지 이름을 지을 때는 바람을 담아 짓기 때문이다. 최공순 님은 이름처럼 참 예의 바르고 참하고 공손하며 반듯한 사람이다.

학교 문집에 그녀가 낸 '내 인생에 빛을 밝혀 준 사랑하는 당신께'라는 글은 참으로 감동이었다. 서로 용기를 주고 자존감을 높여 주는 부부의 모습이 참으로 아름다웠다. 그 모습을 시로 옮겨 본다.

어머니 마음
최공순

가을밤 귀뚜라미 귀뚤귀뚤 울고
한가위 밝은 달 휘영청 떠오르네

유튜브 최공순 님의 시 낭송

부부

당신은 내게 빛을 밝혀 줬어요
3년 전 읍내에서 우연히 본 전단지
곱게 접어 내 손에 꼭 쥐어 주며
한걸음에 나를 배움의 길로 이끌었지요

당신은 내게 빛을 밝혀 줬어요
배움의 길이 열려 있는데
배우지 않는 것은 부끄러운 일이라고
주저하는 내 마음을 꼭 잡아 주었지요

당신은 내게 빛을 밝혀 줬어요
힘든 시절 못 배워 쪼그라든 마음
당신은 온 마음으로 용기를 불어넣어
나의 자존감을 꽉 채워 주었지요

이제 내가 당신에게 빛이 되겠어요
당신 때문에 들어선 배움의 길에서
보름달 같이 빛을 발하는 꽃을 피우니
꽃 같은 마음으로 당신의 버팀목이 될게요

당신의 빛이 나의 빛, 우린 서로의 빛이랍니다

제8화

나이 든
문학 할머니들은
소녀 같다

방송중 동아리 글쓰기부를 3년째 담당하고 있는데, 할머니 문학소녀들을 보면 새삼 배울 점이 많다. 살아온 세월의 연륜만큼 재미나는 이야기를 풀어내는 입담도 있고, 삶의 경험에서 우러난 지혜의 글들도 많다.

글쓰기 동아리 학생분들은 무엇보다 소녀처럼 순수하고 맑은 감성을 지니고 있다. 아마 한때 문학소녀의 꿈을 가졌으리라 짐작된다.

올해 글쓰기부에서는 '사진 시로 쓰는 자서전'이라는 주제로 문집을 만들기로 했다. 빛바랜 사진첩에서 10대부터 20대, 30~40대, 50대, 60~70대 등 세대별로 인생의 주요 사진을 골라 에세이를 쓰고, 그걸 시로 표현해 보는 것이다. 그냥 시를 쓰는 것보다 사진을 보고 그 상황을 묘사해 보고서 시를 쓰면 글쓰기에 훨씬 손쉽게 다가갈 수 있기 때문이다.

무엇보다 진정성이 드러나는 글이 감동을 준다. 문장이나 맞춤법, 표현법은 그다음이다. 자신을 드러내야 시가 된다.

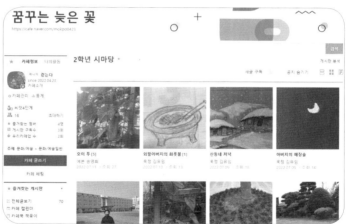

문학소녀들

글쓰기가 재미있어 쭉 대학교 국문과까지 가서
시집도 내고 시인이 되겠다 꿈꾸는 순자 님
엉겅퀴 차 한 잔을 마시면서
고집스러운 가시 버리고 구수한 인생을 노래하는 형금 님
꽃이 없는 열매지만 속으론 수많은 꽃을 품고 있어
꽃이 곧 열매가 된다는 무화과나무를 닮은 용자 님
3년 전 떠난 남편에 대한 절절한 그리움을
서툰 연필 글씨로 꾹꾹 눌러쓰며 눈물짓던 용님 님

매실청 담그면서 매실 씨 햐얀 면사포 씌워 시집보낸다는
그녀
  나리꽃 하염없던 아버지의 사랑을 그리워하는 막내딸 영
순 님
  빨강 빼딱구두와 함께 걸어가면 인기가 하늘을 찔렀을 그녀
  화단의 동백이 단풍이 이발도 척척, 날씬한 멋쟁이 혜례 님
  단정한 단발머리처럼 정갈한 마음으로 새로운 도전을 하는
  우리 삶이 들어 있는 온라인 수업이 너무나 재미있다는 일
옥 님

코로나19와 함께 입학, 지구의 아픔을 온통 느끼지만

나팔꽃처럼 웃고 온누리에 피는 무궁화 꽃 되자는 수금 님

우아한 하얀 모시옷 속에 천금 같은 이야기를 품고 있는 그녀

사업체도 운영하는 사장님이지만 글쓰기는 영 어렵다는 달희 님

어린 시절 할머니 그리운데 지금 내가 할머니가 되었다는 그녀

보석처럼 값진 삶에 벗님들과 동행해서 행복하다는 경빈 님

그리고 서현, 이화, 혜영, 유임, 동임, 숙자, 영희 님들

아름다운 님들, 나이 든 할머니들이 소녀 같다 문학소녀들이다

제9화

나이야 가라,
내 나이가 어때서

방송중 동아리 중에서 가장 인기 있는 부서는 단연 건강운동부
이다. 다른 부서처럼 어렵게 생각하지 않는다. 또한 어르신들이 가장
신경 쓰는 것도 건강이기 때문일 것이다.

어느 날 동아리 부서 사진을 찍으려고 체육관에 들렀는데, 3학년
왕언니가 제일 열심히 운동을 하고 계셨다. 그녀가 문집에 꾹꾹 진하
게 눌러쓴 글을 읽어 본다.

고목 나무에 꽃이 피었다. 어린 우리 동창들, 선생님들, 나이 먹은
왕언니에게 젊은 피를 주었다. 사랑한다. 잊지 않으련다.

꿈속에서

꿈속을 사는 것 같네
비단 치마저고리 입고
캄캄한 밤 모래 자갈길을 걷는 것 같네

하루도 안 산 것 같은데
팔십 세월이 하 무정하게 흘러갔네

파란만장 긴 강을 지나왔네
부잣집 외동딸 공주
잘못 맞은 침은 장애로 남고
아이들 놀림에 눈물로 지새운 수많은 밤들

학교도 포기하고 양재 배워 일하다
가난한 총각 골라 시집갔네
진도 산골 너무 없는 집이라
온갖 풍파 이기며 자식들 잘 키워 냈네

꿈속에서 사는 것 같네
팔십 넘은 왕언니가 중학교를 졸업하네
좋은 세상이라 고목 나무에 꽃이 피었네
왕언니에게 젊은 피를 준 어린 동창들
늙은 왕언니 손잡고 다녀 주어 고맙소

제10화

어울림 한마당,
아름다운 하모니로
노래해요

코로나가 터지기 전인 2019년 10월 방송통신중 학예경연대회가 천안에서 열렸다. 문예, 서예, 회화, 장기 등의 경연이 있었다.

비경연 부문인 '어울림 한마당'은 합창, 난타, 댄스, 사물놀이, 민요 등 다양한 공연이 펼쳐져 소통과 화합의 장이었다.

우리 학교도 음악 동아리에서 준비한 합창 '아름다운 나라'를 수어과 함께 선보였다. 2주에 한 번 출석하는 학교의 동아리 시간을 활용했기 때문에 연습 시간은 턱없이 부족했다. 어려운 여건 속에서도 마음을 모아 함께 연습하고 하얀 드레스를 빌려 입고 무대에서 공연한 학생분들이 참으로 자랑스럽고 대견하다.

특히 수어 공연을 보여 준 오영제 님은 유쾌하고 재치가 넘치는 끼쟁이이다. 작년에 신입생 홍보 활동을 위해 나주에 갔는데, 홍보 전단지를 붙이기 위해 들어간 미용실에서 우연히 만났는데 얼마나 반가워하던지, 나주 구석구석에 전단지를 붙여 주겠다고 발 벗고 나서기도 했다. 참 인생을 긍정적이고 즐겁게 사는 귀여운 어르신이다. 그때 미용실에서 주신 커피, 고마웠어요!!

하모니

억새 우거진 오름에서 아버지랑 소, 말 몰던 흑진주
나를 제일 이쁘다는 남편 따라 나주까지 시집와
건강미 넘치는 다리로 동네 골목길 다 쓸고 다닙니다
살림 척척 청소 척척 유쾌한 웃음 전하니
남편은 땡잡은 것 흑진주를 캐낸 것입니다

삶의 훈장 같은 굳은살 박인 손에 보석 매니큐어 칠하고
와인색으로 머리 염색까지 한 멋쟁이
나를 사랑하는 내가 맘에 듭니다

제주 고이오름을 뛰어놀던 흑진주
천사 같은 하얀 드레스를 입고
흩어진 소리 조각보들 모아 하모니를 만듭니다
그 소리들 모아 수어를 보여 줍니다

서로서로 다른 굴곡진 길을 걸어왔어도
한날한시 한곳에 모여 노래하는 인연들
서로의 따뜻한 마음 읽고 악보에 담아
들리는 소리와 보이는 수어의 하모니를 만듭니다

나는 아름다운 인연들 캐내는 흑진주랍니다
나는 아름다운 하모니를 만드는 흑진주랍니다

제11화

수채화 물감으로
색칠하는 꿈

 2021년 방송중 입학생 중엔 청각장애인 한 분이 있다. 원격수업에서는 자막이 지원되지만, 학교 수업이 힘들지 않을까 걱정됐다. 그런데 도교육청 지원 수어통역사가 있어서, 거의 결석 없이 아주 성실하게 공부하고 있다. 항상 웃는 낯으로 학우들과도 잘 어울리며 즐거운 학교생활을 하고 있어 보는 사람들도 뿌듯하다.

 학예경연대회 공모전에서는 수채화 부문에서 은상을 받았다. 원래 그림 그리기에 소질이 있었지만, 방송중 미술 동아리에서 스케치를 배우고 물감 색칠하는 것을 배웠다고 한다.

 김성순 님은 초등학교 4학년 때까지는 누구보다 밝고 건강한 아이였는데 열병을 앓은 뒤, 서서히 청력을 상실했다고 한다. 그래서 초등학교를 졸업하지 못하고 검정고시를 보았다고 한다.

 그녀가 걸어온 질곡의 삶을 어찌 알 수 있겠는가만 현재 방송중학교에 다니는 그녀는 행복해 보인다. 학교 가는 날이면 남편이 항상 바래다준다는 그녀의 주름진 눈웃음이 행복하다.

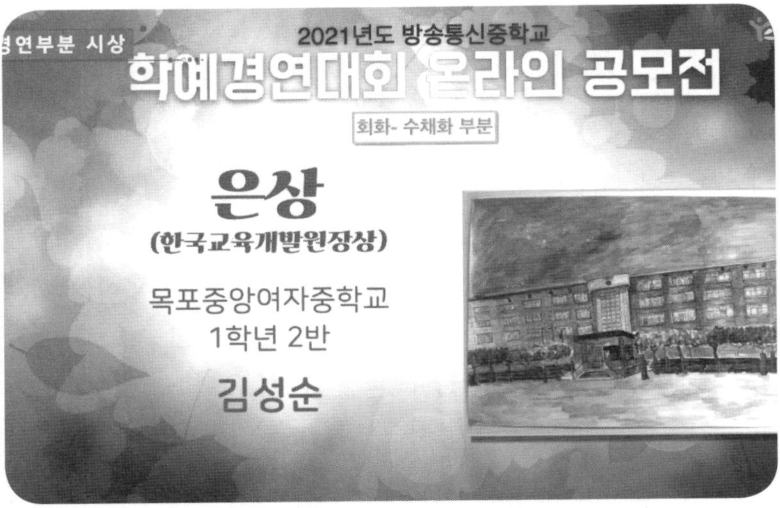
경연부분 시상
2021년도 방송통신중학교
학예경연대회 온라인 공모전
회화- 수채화 부분
은상
(한국교육개발원장상)
목포중앙여자중학교
1학년 2반
김성순

수채화

열병을 크게 앓았어요
아이들 소리 점점 멀어지더니
소리의 세계가 사라졌어요
적막한 세상에 홀로 떨어진 외톨이가 되었어요

소리를 잃어버린 대신
눈으로 보고 듣는 법을 배웠어요
마음으로 보고 듣는 법을 배웠어요

소리 없는 시간이 흘러 흘러
좋은 남자랑 결혼도 하고 보석 같은 아이들도 낳고
세상 사람들 사는 것처럼 살아왔어도
떠나온 학교는 항상 그리움으로 가슴에 남았지요

몇 해를 망설이고 망설인 입학원서
용기를 냈어요 드디어 학교에 다녀요
남편은 학교 가는 길 항상 바래다주고
통역사님이랑 함께 씩씩하게 교실에 들어서면
햇살 같은 미소 나누는 따뜻한 얼굴들이 반깁니다

이제 붓을 잡고 수채화 물감을 풀어
그리움을 그려 나가요 세상이란 도화지에 그려 나가요

제12화

붓글씨로
수양합니다

　고점덕 님이 2021년 방송통신중 학예경연대회 서예 부문에서 동상을 받았다. 그녀는 1학년 때부터 계속 방송중 서예부 동아리에서 활동하고 있다. 작년에 한글 서예로 수상했는데 올해는 한문 서예에 도전하고 있다고 한다.

　고점덕 님은 3학년 1반 반장님으로 그녀의 글씨처럼 차분하게 학우들을 다독거리고 이끄는 온화한 성품의 사람이다. 뜻대로 행해도 어긋나지 않는다는 종심(從心) 70살에 요양병원에 일을 나가면서도 얼마나 부지런하신지 모른다. 격주 출석 수업일 전이면 학교에서 단체 안내 문자가 나가지만 반장님은 꼭 다시 까톡을 보내 학우들의 안부를 묻고 출석을 독려한다. 수업이 끝나면 맨 마지막까지 남아 교실 정리를 하고는 바쁘게 일하러 가시는 모습을 보면 존경스럽다.

　공부 열정도 뛰어나 공부가 재미있다고 한다. 문제지를 꼼꼼하게 정리해 학우들과 까톡에서 나누는 것을 보면 그녀의 넓은 마음이 느껴진다. 말씀은 또 얼마나 따뜻하게 하시는지….

　3년 동안 사제의 정을 나눈 인연, 감사하고 행복하다.

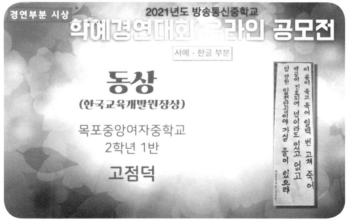

글씨를 보면

글을 보면 그 사람을 알 수 있다지요
글씨를 보면 사람의 속마음을 알 수 있다지요
차분하고 부드러운 그녀의 글씨는 바로 그녀를 보여 주지요

방송중 입학서류 떼어 보내며
목이 메던 고향의 오빠 생각하면
오빠! 불러만 봐도 뜨거운 눈물 흘러내린다는
열심히 공부해 빛나는 졸업장을 안겨 드리겠다는
70을 바라보는 여동생, 사랑만 많은 그녀이지요

우리 딸 결혼식 보고 천국 가시겠다는 아버지 소원에
맞선 본 지 한 달 만에 시작한 결혼 생활
종갓집 장손 시집살이에 손발톱에 피가 나도록
한(恨) 고생이 가슴에 핏방울로 맺혔다는 그녀이지요

조심스럽게 붓을 들고 고개 숙이고
하얀 화선지에 한 글자 한 글자 써 내려가는 마음은
문방사우와 함께 수양하고 기도하는 마음이지요

글씨를 보면 그 사람을 알 수 있다지요
기도하고 베푸는 그녀를 만날 수 있지요
모두를 사랑하는, 모두가 좋아하는, 그녀를 만날 수 있지요

제13화

컴맹 탈출,
디지털 세상으로

방송중 1학년 교과 정보와 동아리 컴퓨터부에서 처음 컴퓨터를 접하신 분도 있다. 나이 많은 어르신 학생들은 여러 과목 중 가장 컴퓨터를 어려워한다. 처음에는 노트북 전원을 켜는 것부터 두려워했는데 컴퓨터 수업을 여러 차례 받으며 이젠 제법 한글 문서도 작성하고 인터넷 검색도 할 수 있게 되었다고 한다.

배움의 속도에는 젊음과 늙음의 간극이 있겠지만, 배움의 열정에 그 간극은 존재하지 않는다. 오히려 간절함은 더할 것이다.

디지털 세상은 빠르게 변화하는데 그 속도를 따라잡기에는 벅차다. 어르신들을 배려하는 디지털 환경의 조성과 맞춤 교육이 필요하다.

디지털 세상과 노안

쏜살같이 달리는 세상
눈뜨고 나면 달라지는 세상
어제 알았던 것이 모르는 것이 되는 세상
느리게 걷는 사람들에겐 너무 빠른 세상

점점 더 작아지는 컴퓨터 기기들
밤하늘의 별들보다 많은 인터넷 페이지들
가장 먼저 나이 드는 눈은 점점 침침해지고
노트북, 핸드폰도 따라가기 바쁜데

IT가 어쩌고 디지털이 어쩌고
AI 인공지능이 어쩌고 비트코인이 어쩌고
키오스크 자동 주문이 어쩌고
요렇게 정신없이 변해 가는 세상

앞서가는 젊은이들
걷는 속도 느린 사람도 조금 배려해 주시오
속도는 느리지만 천천히 배워 가겠소

근디, 디지털 세상은 안전한 천국인 게요?

제14화

쪽 천연염색 이야기

2021년 가을, 방송중 2학년과 3학년은 나주천연염색박물관으로 현장체험학습을 다녀왔다. 한해살이풀인 쪽을 이용하는 스카프 쪽 염색을 했다. 쪽물이 담긴 용기에 천을 담가 잘 주무르고, 잘 털어서 바람이 통하는 그늘에 말렸다. 그해 늦가을엔 모두 멋스러운 쪽빛 스카프를 하고 등교했다.

쪽물이 담긴 용기에 천을 담고 분홍 고무장갑을 끼고 어깨를 맞대고 사이좋게 염색 천을 주무르는 4인방이 보인다.

학생회 부회장으로 어찌나 살림 솜씨가 성글진지 학우들의 간식거리 당번을 맡아 매번 예쁜 봉투에 정성스레 담아 수업 시간마다 나눠 주던 쪽빛 바다같이 마음 넓은 경양 님, 강진에서 목포까지 승용차 통학길에 어르신 학생을 챙겨 모시고 오던 착한 경희 님, 장흥에서 학교 오는 길에 미리 출발하여 아름다운 풍경을 담아 온다는 멋진 사진작가 연숙 님, 시원시원한 성격에 글씨도 잘 쓰고 허리를 다쳐 힘들어도 열심히 공부하는 똑똑한 보경 님.

1학년부터 쭉 같은 반이라 더욱 친한 똑순이 4인방이다. 두루두루 친하게 지내고 고등학교 가서도 뭐든 열심히 할 4인방이다. 푸른 쪽빛보다 더 아름다운 인연들입니다!

쪽

한해살이 쪽풀
붉은 자줏빛 꽃 피었다가
한해 살고 시들어 가지만
쪽잎 따다 물들이면
파란 하늘 쪽빛이 다시 살아납니다

쪽잎 따다 삭히고
그리움 깊이 침전시키고
잿물에 발효시켜 꽃물을 만듭니다
꽃물에 물들이고 말리고
꽃물에 물들이고 말리고…
그대 향한 연한 그리움은 점점 짙어 가
깊은 바닷속으로 풍덩 가라앉습니다

쪽빛 푸른 가을 하늘 아래
쪽빛 바다 떠나간 그대 그리워
하얀 비단 천 곱게 곱게 접어
쪽물을 들입니다

쪽빛 그리움 더욱 짙어 갑니다

제15화

슬로시티
창평 쌀엿에게
배우다

2020년 방송중 1학년은 담양군 창평 슬로시티로 현장체험학습을 다녀왔다. 자연과 함께 느리게 걷는 슬로시티에는 슬로푸드가 있다. 전통 방식대로 만들고 유지 계승되는 음식인 쌀엿, 한과, 장류 등이 그것이다. 쌀엿 만드는 과정을 들어보았다.

"엿기름을 넣어 숙성한 식혜물을 오랜 시간 달이면 갱엿이 된다. 명인이 미리 만들어 둔 갱엿을 조금씩 떼어 내 늘이고 당기고 합하기를 반복하면 하얀 쌀엿이 된다. 늘이고 당기고 합하기를 잘해야 적당한 구멍도 생긴다."

엿가락 자르고 있는 귀한 두 남학생이 보인다. 직장과 학업을 병행하느라 힘들지만 결코 포기를 모르는 의지의 한국인 안충 님, 그리고 학생회장인 길용 님은 농사일에 바쁘지만 학업도 열심히 하고 봉사정신도 뛰어나 올해 체육대회 때는 무거운 음향기기를 운반하는 수고도 마다하지 않았다. 감사를 전한다.

창평 쌀엿에게 배우다

한겨울 시골집 아궁이에서
달차근한 냄새가 멀리 퍼지면
느리게 느리게 정성이 만들어지는 겁니다

겉보리를 씻어 엿기름을 만들고
엿기름을 고두밥을 섞어 식혜를 만듭니다
밤새워 삭힌 하얀 식혜물을 가마솥에 넣어
오래오래 달이면 황금빛 조청이 만들어집니다.
달콤한 조청을 오래오래 졸이면 갈색 갱엿이 만들어집니다
거울처럼 유리벽처럼 엿 발이 설 때까지 잘 저어 줍니다
엿 발이 서고 땀이 잘 잡히면 갱엿을 식힙니다

사이좋게 두 사람 마주 앉아 갱엿을 쭈욱쭈욱
당기고 늘이고 합하고 공기를 불어 넣습니다
백번도 넘게 당기고 늘이면 송송 공기 구멍이 생깁니다
구멍이 있어 바삭바삭 맛있는 쌀엿이 되는 겁니다

사람 사는 세상도 구멍이 있어 바람이 지나가나 봅니다
하얀 쌀엿 바삭 입에 베어 물면
느리게 느리게 달여진 정성이 스며듭니다
우리 삶에도 다디단 여백이 서서히 스며듭니다

제16화

화이트 크리스마스를
부르는
힐링 콘서트

2021년 12월 18일 방송중 체육 한마당과 함께하는 힐링 콘서트가 열렸다. 기말고사도 끝나고 이젠 2021학년도를 정리하고 1월 8일 졸업식을 앞두고 있었다.

1학기에 할 예정이었으나 코로나로 연기된 체육 한마당과 힐링 콘서트가 열렸다. 오전에 간단한 체육 경기를 하고 오후엔 교육청에서 지원한 성악, 판소리 국악, 바이올린 연주가 있었고, 반별 장기 자랑이 있었다. 특히 1학년들의 합창은 함께 소리를 모아 준비해 무대에 올랐다는 사실이 감동이었다. 기꺼이 합창 지도와 오르간 반주를 맡아 준 아름다운 음악 선생님께 감사를 전한다.

힐링 콘서트

한 해 저물어 가는 어느 겨울날
남쪽 항구 목포중앙여중 방송중
귀 호강 힐링 콘서트를 따라가 봅니다

이제는 갈 수 없는
'그리운 금강산'을 향한 그리움이 흐르고

그럼에도 불구하고 '넬라 판타지아'
환상 속에서 평화롭게 사는 세상을 보고

가슴속 응어리를 풀어 주는
벽 속의 요정과 나누는 노래
'열두 달이 다 좋아' 살아갈 힘이 나고

꿈속에 보는 '화이트 크리스마스'를
기다리며 기도하는 손 물결이 되어
부드럽고 감미로운 바이올린 현이 울리고

함께 소리 모아 '님이 오시는지' 부르면
지치고 상처 입은 마음을 치유해 주는
그 님이 어느새 우리 곁에 와 있습니다

제17화

천천히
달려도
괜찮아요

　코로나 이후 중단되었다가 3년 만에 학교 체육관에서 방송통신중학교 '2022 체육 한마당'이 열렸다. 매년 봄에 열리는 체육 한마당은 늦깎이 중학생들이 하나로 똘똘 뭉치는 축제의 장이다. 모든 어르신 학생분들이 어린아이처럼 좋아하셨다.

　식전 행사 흥겨운 장구 장단과 춤사위에 엉덩이와 어깨를 들썩거리며 함께 춤을 추고 마음의 문을 활짝 열었다.

　어르신 학생들은 볼링, 플라잉디스크, 킥런볼 등 모든 경기에 서툰 몸짓이지만 최선을 다하셨다.

　"조심하세요, 천천히 달려도 괜찮아요!"

천천히 달려도 괜찮아요

방송중 2학년 남학생이 세 분 있는데
작지만 단단한 체구에 짧은 스포츠머리에
희끗희끗 흰머리가 멋스러운 분이 있다
참나무처럼 한결같은 사람이 있다

방송중 2학년 여학생 중 가장 작지만 큰 사람 있는데
자그마한 키에 야무지고 카랑카랑한 목소리가 있다
가장 맛있는 고추장 만들어 나눈다는 분이 있다
밤톨처럼 귀엽지만 카리스마가 장난 아니다

두 분은 수업 시간에도 흐트러진 자세를 보인 적이 없다
짙은 눈썹 아래 검은 눈동자 초롱초롱 쳐다보는 눈빛에
일 초도 소홀할 수 없는 시간을 만드는 힘이 있다

그 총총하고 단단한 밤톨 같은 그분들이
온 힘을 다해 차고 달린다
두세 발짝 물러서 노란 공을 노려보더니
뻥, 공을 찬다
멀리 가지 못하고 저만치 떨어지는 공
밤톨 같은 그분이 죽어라 하고 달린다

작지만 큰 사람들, 천천히 달려도 괜찮아요

제18화

누구나
응원합니다

방송중 체육 한마당 청팀 홍팀 대항 경기의 열기가 뜨겁다. 1학년, 2학년, 3학년 홀수 반은 청팀, 짝수 반은 홍팀으로 나눠 경기를 할 때는 모두 10대 학생들 못지않게 열정적으로 응원했다.

다만 다른 것이 있다면 이기든 지든 누구든 응원한다는 것!

"청팀 이겨라!" "홍팀 이겨라!"

선후배가 함께 응원단장의 손짓에 따라 응원 도구를 흔들며 우와 와 우우, 함성 소리가 체육관을 흔들었다.

진짜 응원하는 법

생전 결석하지 않던 선순 님이 3~4월 내내 결석이다. 겨우내 추위를 이겨 낸 청보리를 닮은 선순 님, 농사일을 하다 허리를 다쳐 광주 병원에서 수술을 받았는데 꼼짝 말고 집에 누워 있으라고 했단다.

아이고 선생님 학교 가고 싶어 죽겠는디 어짜든지 쪼금만 괜찮아지믄 학교 나갈라요 죄송하요 선생님

그런데 체육대회 날, 아픈 허리를 이끌고 학교에 나오셨다.

아따 아픈 허리 땜시 요놈의 의자에만 앉아 있어야 해도, 나가 응원이라도 열심히 할라요

아따 쩌그 연숙 씨는 아즉 젊은께 펄펄 날라다니는구만
옴매 머리 허연 청팀 저 할아버지도 겁나 열심히 하요
우덜도 아직은 청춘인께 겁나 힘차게 뛰어보드라고요
그란디 우리 팀이 홍팀이지라, 그란디 청팀도 잘하구만이라
아따 누가 되았든 열심인 사람이 멋지당께라
그랑께 우리 키 크고 멋들어진 응원단장 따라서
누구라도 응원할라요! 와, 다 잘한다! 다 이겨라!

응원 함성이 5월의 보리밭처럼 황금 물결친다.

제19화

우리 학교
가수 이야기

방송중 1학년에 노래를 3곡이나 낸 트로트 가수가 있다. 가수 임정숙 님은 목포 원도심의 3층 건물을 소유하고 1층에서 힐링 카페를 운영하며 가수 활동도 하고 있다고 한다. 마침 체육 한마당에 사용할 학교 노래방 기기가 고장이 나서 난감했는데, 고맙게도 기꺼이 본인의 노래방 기기를 빌려주었다.

화려한 반짝이 의상을 입은 그녀에게 늦은 나이에 가수가 된 사연을 들어보았다.

"자식들을 다 키워 놓고 허전했는지 우울증에 걸렸어요, 그래서 바리스타 자격증도 따고, 노래도 배웠답니다. 노래를 부르면서 우울증에서 벗어날 수 있었어요. 정식으로 작곡가 선생님께 노래를 배웠고 곡도 3곡 받아 앨범도 냈어요. 지금은 노래로 봉사활동도 다니고 행사도 다니며 정말 행복한 제2의 인생을 살고 있어요.

우연히 방송중 전단지를 보고 중학교에 입학한 것이 무엇보다 행복해요. 너무나 좋은 언니, 동생 등 학우들과 공부하여 새로운 인연을 만들어 가는 것이 너무나 좋아요."

우리 학교 가수 이야기

목포가 고향이어라
어린 나이 스물에
부모님이 맺어 준 인연 따라 서울로 갔어라
서울에서 참말로 고생 징하게 했어라

어쩌다 남편 일찍 떠나보내고
혼자서 억척스럽게 자식들 키웠어라
술도 못 먹고 화투짝도 못 맞추는
나는 자식들만 위해 살았어라

자식들 다 키워 놓고 우울증에 걸렸어라
노래를 불렀어라 우울증 이겨 내려고
노래도 3곡이나 낸 가수가 되었어라
몹쓸 남자, 속아주는 여자, 거짓말이야

내 노래처럼
몹쓸 인생에 거짓말처럼
속아주면서 사는 게 인생인 것 같어라
나는 노래하는 가수여라
노을빛 인생을 노래하는 가수여라

제20화

급식 시간
함께하니
맛있어요

방송중 급식 시간은 함께하니 더욱 맛있는 식사 시간이다. 4교시까지 집중해서 공부하고 나면 밥맛이 꿀맛이라고 한다.

곁에 있는 강아지 까미와 건강하고 행복하게 보내고 순영 님, 60이 넘으면 배운 사람, 못 배운 사람 같다고 해도 자신만만 늦깎이 공부를 시작한 용기 있는 금순 님, 길을 걷다 코스모스를 보면 가을 하늘처럼 마음이 맑아진다는 선임 님, 농사일에 집안일에 방송중 공부에 정신없이 바쁘지만 나라 위해 선거 봉사활동도 한 숙자 님, 학교에선 막내 라인이지만 가정을 위해선 바쁘게 일하러 다니는 든든하고 야무진 은우 님, 깻잎도 이름이 있는데 나는 어디서 와서 어디로 가는지 몰라서 욕심 주머니 버리고 공부나 해 보자며 방송중 2학년에 편입한 형춘 님, 우리 반에서 가장 젊은 소장파로 3학년 때 편입했는데 토요일에도 직장 일이 바빠 조퇴가 잦은 종배 님, 모두 의지의 한국인이다.

"여러분, 맛있게 점심 드셨지요? 생업에 바쁘고 늦은 공부하기는 더욱 힘들어도 우리는 맛있는 점심을 함께 나누는 방송중 식구들입니다."

강진 할머니들

강진군 성전면에서 우리 학교 최고령 할머니가 입학했다
시골 복지관에서 한글을 떼시고
공부에 재미가 붙어 내친김에 중학교까지 하기로 했단다

아이고, 선상님
중학교 공부는 영 어렵구만이라
도대체 시험은 어떻게 볼랑가 걱정이어라

아이고, 어머님
우리가 공부해서 일등 할라고 학교 댕긴다요
시험은 아는 건 쓰고 모른 건 찍으면 된당께요
고저 학교 와서 친구들 만나 얘기하고
맛난 점심 드시고 공부는 쉬엄쉬엄 하랑께요

아이고, 선상님
중학교 공부 쉬엄쉬엄 해도 된당께
지가 옆집 친구를 데불고 왔써라
그란디 그 친구는 여간 글을 잘 쓴당께요
담벼락에 호박를 심궈 놓고 어찌나 이삐게 자라는지
꼭 자식 같아서 호박을 못 따겄드라고 안허요
그냥, 호박은 잎은 데쳐서 된장에 쌈 싸 먹고
늙은 놈은 푹 고아서 호박죽 끓이면 최고지라. 안 그요?

제21화

목욕탕집에서
신입생 모집을

작년 신입생 원서 접수 기간에 학교로 방송중 2학년 김동임 님의 전화가 왔다. 목포 원도심 골목에서 목욕탕을 하는데, 단골손님들에게 방송중 홍보를 하고 있다고 하신다. 원서 마감은 언제인가, 필요한 서류는 무엇인가 물으신다. 그러고 몇 시간 뒤 입학 지원자 두 분과 함께 교무실로 오셨다. 당신이 다녀 보니 학교 다니는 것이 너무 좋다며, 입학원서를 쓰라고 직접 모시고 오셨다는 것이다.

동임 님은 이처럼 당신이 좋은 것은 남과 나누는 걸 좋아하신다. 며느리가 사다 준 화장품이나 당신이 직접 담근 고추장과 젓갈도 주위 사람과 나눈다고 하신다. 그 좋은 것, 사랑 나눠 주시는 따뜻한 마음, 참 감사하다. 그녀의 시에는 그 마음이 보인다. 그녀의 이야기를 시로 옮겨 적어 보았다.

> 아무리 보아도 산 넘어 산이지만
> 내게는 뒤에서 든든히 날 지켜 주시는 분들이 있다
> 우리 선생님들……
> _ 김동임 님, 〈학교 가는 날〉 중에서

오래된 목욕탕집

우리 집은 2층 목욕탕집인데
옥상에는 내가 가꾼 화분에
빨갛고 노랗게 하얀 꽃들이 만발해요
지나가는 사람마다 이쁘다고 꽃구경을 하면
내 맘이 흐뭇하고 미소가 지어져요

오래된 빨간 벽돌 목욕탕집
코로나로 손님은 줄었어도 그럭저럭 살 만해요
그런데 요즘엔 일이 하나 늘었어요
나이 들어 학교 다니는 재미에 푹 빠졌어요
매일 일기처럼 썼던 글을 칭찬해 주는 선생님도 좋고요

이렇게 좋은 방송중학교를 널리 전파하려고
목욕탕에 오는 사람마다 신입생 홍보를 해요
내가 다녀 봐서 너무 좋으니까
나 믿고 당신들도 다녀 보라고 막 권해요
교회 복음 전도가 따로 없다니까요

학교 갔다 돌아오는 길에 건너편 거리에 서서
오래된 나의 집을 물끄러미 바라봐요
참말로 고마운 생각이 들어요
백발의 인생길을 함께 걸어온 남편과
오래된 집과 꽃들과 아름답게 늙어 가니까요

제22화

내가
부지런히 보는 것이
글이 돼요

    방송중 2학년 글쓰기반에는 항상 붙어 다니는 두 사람이 있다. 방송중 1학년부터 같은 반이었던 두 사람은 친자매처럼 붙어 다녀서 얼른 분간이 안 간다. 연세 80을 바라보는 동임 님이 언니인데 인자한 미소로 주변 사람을 잘 챙기시고, 서너 살 아래(?)인 숙자 님은 활달하고 말씀도 재미있고 글도 재치 있게 쓰신다.

    방송중에 입학해서 글을 쓰셨다는 숙자 님은 2학년에 올라오더니 글을 많이 쓰고 그 횟수만큼 발전이 많다. 일상생활의 사소한 삶을 재미있고 재치 있는 글로 자주 동아리 까톡방에 올려서 감동을 준다. 사소한 것에도 눈길을 주니 글이 술술 나온다. 그녀의 이야기를 시로 옮겨 적어 보았다.

    아침 산책길에 만난 새소리, 가뭄에 말라 가는 꽃송이들, 새색시 시절 아이스케키에 얽힌 여름밤 사랑, 이 층에서 바라본 거리, 쓰고 버린 소쿠리 등 일상의 삶을 표현한 숙자 님의 글을 읽는 재미가 솔솔하다. 글쓰기 동아리 카페에 올린 그녀의 글을 읽어 보시라.

아이스케키 여름밤

배는 남산만 해지고
입덧이 더 심해진 새색시
남몰래 먹이려고 면 소재지까지 가서
남편이 사 온 팥아이스케키 열 개
녹을까 품속에 고이 품고 온 옹기 단지

눈물 글썽이며 단지 뚜껑을 여니
아이스케키 막대만 남아 있는 단팥물
연신 이마의 땀을 훔치는 남편 앞에서
게 눈 감추듯 홀랑 마셔 버린
그 여름밤 다디단 사랑의 단물

아이스케키! 아이스케키!
그 옛날 여름밤 소리는 사라지고
젊은 여름밤 사랑은 희미해지고
늙어 가는 고집스러운 시간이 야속해져도

여름 외출 나서는 남편의
모시 적삼 뻣뻣이 풀 먹여 곱게 다립니다
오래된 추억은 힘이 있나 봅니다

제23화

목포 할머니, 시와 그림으로 삶을 그려내다

　방송중 2학년 김유임 님은 방송중 학생 중 가장 열심히 글을 쓰신다. 정갈한 귀티가 있고 지적 호기심이 많은 유임 님은 평소에 서예, 그림, 민화, 사군자, 수묵화 등을 두루 익혀서 실력이 뛰어나다. 그러나 중학교 졸업장이 없어 떳떳하지 못하셨다며, 80을 코앞에 두고 방송중학교에 입학하셨다. 방송중에 입학해 글쓰기 동아리에서 처음 글을 쓰셨다는데 숨겨진 재능이 놀라웠다.

　글은 어떻게 쓰냐는 질문에 "여러분이 살아오신 삶이 곧 훌륭한 글감입니다. 진솔하게 쓰시면 됩니다"라고 답해 주었는데, 그때부터는 그녀가 잡은 연필에서 글이 술술 나왔다.

　목포에서 오랫동안 살아오셔서 옛날 목포 풍습에 대한 지식이나 경험이 많아, 그 이야기를 풀어놓으면 모두 재미있게 빠져들곤 했다. 오래된 삶의 연륜과 해학이 담겨 있는 글이었다. 그녀의 이야기를 시로 옮겨 적어 보았다.

　방송중 글쓰기 카페 '꿈꾸는 늦은 꽃'에 올린 김유임 님의 여러 시는 읽는 재미가 있고 찡한 감동도 있다.

메주 이야기

지난 내 이야기를 좀 풀어 볼게 들어볼랑가?

서예, 그림, 민화, 사군자, 수묵화
잘하는 것도 많고 상도 받았어
근데, 가슴 한편엔 채워지지 않는 무엇 있었어
졸업장이 무어라고 80에 중학생이 됐어

나는 목포 토박이여 그래서 목포는 모른 것이 없제
서산동 보리마당도 우리가 잘 놀던 곳이여
우리 7남매 축음기 틀어 놓고 보리 뻥튀기 뜯어 먹던 곳이여
우리 때는 연애한다고 학교도 안 보냈어
동생, 언니, 동네 친구들 연애편지 수백 통 써 주느라
바빠서 정작 나는 연애도 못 해 봤어

영감님하고 살던 집에 올해도 야생화가 많이 피었어
이젠 영감님 털신만 현관을 지키고 있어, 맘이 짠해
아들이 제대하고 사다 준 거 아까워서 보기만 하다 가셨어

요즘 소일 삼아 텃밭에 먹을 만큼 상추를 키워
근데 좋아하는 상추쌈도 고추장에만 먹어
왜냐고? 어려서 메주라는 소릴 하 많이 들어

된장은 먹기도 싫어, 근데 가만 생각해 보면
메주가 익어 구수하고 깊은 된장이 되는 것처럼
메주처럼 늙어 가며 깊게 익어 가고 싶어

제24화

철수와
바둑이 친구 영희

방송중 2학년 송영희 님은 국어책에 나오는 자기 이름이 싫었다고 했다. 하긴 그 시절엔 영자, 영숙, 영희, 미숙, 숙자, 미자 등 이런 이름이 흔하디흔했다. 영희 님은 자기소개를 할 때 "철수와 바둑이 친구 영희"라고 유쾌하고 재치 있게 말한다.

영희 님이 집 마당에 오이를 심어 놓고 노란 오이꽃이 피자 오이가 열리길 기다리는데, 아무리 기다려도 소식이 없자 "뽑아 버릴까? 잘 혀라 두고 볼랑께." 했단다. 그러고 무심했는데 어느새 열매가 열리고 노각이 되었더란다. 오이를 보며 한숨지어서 미안하다고 사과를 했단다.

영희 님의 또 다른 글에는 콩밭과 어머니에 대한 가슴 아픈 사연, 췌장암으로 돌아가신 큰오빠에 대한 그리움 등 자신의 진솔한 마음을 글로 썼다. 상처를 치유하는 글쓰기이다. 그녀의 마음을 헤아려 오빠에게 보내는 편지를 대신 적어 보았다.

편지

큰오라버니, 그곳에선 아프지 않고 잘 계신지요
십 리 길 중학교 가는 친구들 부러워
봉숭화꽃 붉게 핀 뒤뜰에서 몰래 눈물 훔치던 영희는
흰머리 희끗희끗, 환갑이 넘어 중학생이 되었답니다

당신 대학 졸업장을 보면
괜히 동생에게 미안하다던 오라버니
영희를 가르쳤어야 했다며 눈물 글썽이던 오라버니
뭐가 그리 미안해서 황망하게 떠나셨는지요

눈물로 오라버니 떠나보내고 오던 날
미안하다던 오라버니 목소리 귓가에 들려
방송중학교로 단숨에 달려갔답니다
기적처럼 마지막 남은 입학생 자리를 얻었답니다
영희가 오빠의 소원이던 중학생이 되었답니다

오라버니 오라버니
그리울 때마다 불러 봅니다
중학교 학생증을 만지작거리며 불러 봅니다
책가방 챙겨 학교 가는 영희를 보고 계시지요

제25화

팥죽이 싫은
농사꾼 이야기

방송중 3학년 김서현 님은 본인 스스로 지각 대장이라고 한다. "선생님, 저 오늘도 늦어서 죄송해요!"라고 미안한 웃음을 지으며 헐레벌떡 교실로 들어온다.

그런데 그녀의 사정을 아니까 이해가 되고 응원하게 된다. 여자 혼자 몸으로 소도 열 몇 마리를 키우고, 논일에 밭일에 아침부터 밤까지 일한다고 한다. 토요일 등교일이면 내 밥은 걸러도 가축은 굶길 수 없다며 사료와 건초를 챙겨 주고 바삐 승용차를 몰고 한 시간을 달려온단다. 그러니 헐레벌떡 교실에 들어서는 그녀를 보는 것은 흔한 일이다.

글쓰기 동아리 시간에 시 낭송을 하는데 목소리가 곱고 또랑또랑해서 나중에 꼭 시 낭송가가 돼 보라고 권했다. 주로 무슨 농사를 짓느냐고 물으니 팥 농사를 많이 한다고 한다. 그런데 팥 농사가 얼마나 손이 많이 가는지 징글징글해서 팥죽도 절대 안 먹는다고 한다. 팥죽을 싫어하는 씩씩한 팥 농사꾼이다.

팥죽 이야기

벼가 한 살을 먹는다는 초복
감자를 캐고 장마가 끝나 갈 때
부지런한 농부는 팥을 심는다

씨 뿌리고 비가 오면 쑥쑥 크는 팥 넝쿨
청순하게 피어난 옅은 노란색의 꽃
시샘하듯 무성하게 자라는 잡초들
허리 숙여 엉덩이로 엉금엉금 잡초들 잡아내고

여름 햇볕에 가느다란 열매가 달리면
이젠 또 벌레와의 전쟁, 피나는 전쟁 끝내고
팥꼬투리가 통통한 팥알로 채워지면
농부의 검게 탄 얼굴엔 희미한 미소가 번진다

추석 지나고 서리가 내리기 전
밭에서 뽑아 햇볕에 널어 말리면서
꼬투리가 벌어지기를 기다려
도리깨질로 두드려 얻은 귀하고 귀한 팥알들
깨끗이 씻어 햇빛과 바람에 바짝 말린다

징글징글한 팥 농사를 끝낸 농부는
팥빵도 팥죽도 징글징글해서 먹지 못한다
징글징글 농사지은 팥을 한 됫박 받은 사람은
그 농부를 생각하면 팥죽을 먹을 때마다 뭉클하다

제26화

꿈을
담는
사진작가

방송중 3학년 이연숙 님은 메마르지 않은 소녀 감성을 지니고 있다. 자연 풍경을 사진으로 찍어서 단톡방에 올리곤 하는데 그 실력이 예사롭지 않다. 어떻게 이렇게 멋진 사진을 찍냐고 물었더니 디카시(사진시)로 전국대회에서 상도 탔다고 한다. 오른쪽 사진은 그녀의 작품이다.

아버지의 부재로 산골 선생님이 되고 싶었던 꿈은 접었지만, 손안에 핸드폰으로 사진 찍기를 시작해 카메라를 마련하고 그 사진으로 상을 받으며 사진작가의 꿈을 꾸고 있단다.

소소하게 눈에 들어오는 그 모든 것이 예쁘다는 그녀가 멋진 사진을 찍을 수 있는 것은 아름다운 것을 보는 눈을 가졌기 때문이리라. 어느 시인은 '풍경은 공짜다'라고 했지만, 모두가 보는 것은 아니다. 풍경은 마음으로 보는 것이기 때문이다.

등굣길에 새벽 시골 풍경을 찍으려고 한 시간은 미리 집에서 출발한다는 그녀를 보면, 아름다움은 그냥 얻어지는 것은 아니다.

장흥에서 예쁜 원피스를 입고 꽃무늬 양산을 들고 등교하는 고운 윤숙 님과 사진기를 든 사진작가 연숙 님이 함께 학교 교문으로 들어선다. 그녀들의 발걸음이 가볍다. 학교 현관이 환해진다.

사진 이야기

아름다운 꽃이 피고 집니다
그녀는 그 꽃을 사진에 담습니다
사진에 담은 것은 꽃과 보낸 사람과 시간입니다

연보랏빛 등꽃이 흐드러지게 핀 날
파란 하늘과 하얀 구름을 배경으로
꽃잎 휘날리는 등꽃 향기까지 담아내는
빨간 머리 앤을 닮은 사진작가가 있습니다

부엌 창문으로 보이는 하얀 목화꽃에
옛 추억을 찍어 보내옵니다
담벼락 망초꽃 뽑아야 하나 말아야 하나
잠시 고민하다가 찰칵 찍어 보내옵니다

하늘색 담장 옆에 핀 주황빛 나리꽃에
날아든 흑갈색 사향제비나비를
순간 포착해 내는 시각적 마술사입니다

여름비 그친 어느 날이면
청초하게 피어난 더덕꽃과 계요등꽃
싱그러운 향기를 실어서 보내옵니다
그녀가 보내온 사진에서 시간의 향기를 맡아 봅니다

제27화

쌍둥이 엄마 이야기

방송중 3학년에 경사가 났다. 우리 학교에서 가장 젊은 엄마인 혜영 씨가 작년 몇 번의 실패 끝에 어렵게 임신에 성공했고, 드디어 올여름에 예쁜 딸 쌍둥이를 얻은 것이다.

꿈과 희망을 찾아 남쪽으로 온 새터민, 혜영 씨는 결혼하여 시골에 살고 있다. 눈매가 시원하고 둥글고 예쁜 얼굴에 작고 아담한 체구의 그녀, 얌전하고 말이 별로 없었다. 어머니뻘 되는 어르신들과 얼른 친해지기는 어려웠으리라.

그런데 3년째 접어들며 그녀는 학우들과 아주 친해진 듯하다. 특히 반장님을 비롯해 학우들이 엄마처럼 이모처럼 삼촌처럼 챙겨 주고 마음을 써 주어 마음을 연 것 같다.

가끔 결석해서 이유를 물으니 시할머니 간병을 하느라고, 또는 시골 농사일을 하느라고 그렇다고 한다. 전혀 다른 환경에서도 꿋꿋하게 살아가며 공부까지 하는 그녀를 모두가 응원한다.

예쁘고 사랑스러운 쌍둥이들 건강하게 잘 키우길 기도한다.

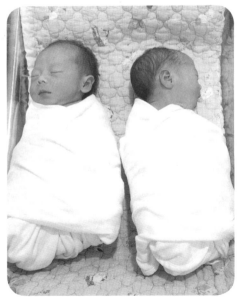

쌍둥이 엄마의 꿈

새처럼 자유롭게 날고 싶은 꿈
가시밭 먼 길을 돌아 꿈터를 잡았습니다
잘 몰라서 받은 모난 상처들
아픈 마음 들킬까 꼭꼭 여며
검은 보자기 안에 몰래 감추었습니다

배움의 희망 찾아 나선 낯선 곳
사금파리의 눈물 감싸 주는 손길 있어
한 글자 한 문장 나에게 스며들 때
감춰 두었던 보자기를 펼쳐 보았습니다
초록 꿈이 다시 싹을 틔우고 있습니다

맨발로 걸어온 먼 길에 보석 같은 선물
천사 같은 쌍둥이들을 위해 더 배우럽니다
꿈과 희망을 배우고 가르치는 좋은 엄마가 되럽니다

알록달록한 꿈 조각보 박음질하여
예쁘고 포근한 꿈 이불 덮어 주럽니다
천사 같은 우리의 쌍둥이들에게

제28화

반딧불 학생 기자를
인터뷰하다

　방송중 3학년 김이화 님은 학생 기자이다. 1학년 때부터 교내 동아리 글쓰기부에서 활동하면서 성실하게 시와 수필을 써 오신 분으로, 학교 행사나 미담 기사 등을 방송중학교 뉴스레터 'U-반딧불' 카페에 올리고 있다.

　학교 문집 '꿈꾸는 늦은 꽃'에 실은 그녀의 수필 '시화골목'을 보면, 목포 서산동 시화골목의 풍경과 사물에 대한 그녀의 애정이 잘 드러나 있다. 깊은 관찰력과 골목에 깃든 삶의 애환을 전하고자 하는 생각이 돋보인다.

　꾸준한 글쓰기 결과로 2022년 전국 방송중학교 학예경연대회에서 문예(수필) 부문에서 금상을 수상했다. 인터뷰할 때 차분하고 우아하게 소감을 말하시던 이화 님, 학우들의 축하 세례가 끊이지 않았다.

　젊었을 적 시작한 회계 관련 일을 지금도 계속할 만큼 총명한 머리와 성실한 삶의 태도를 지니신 분이다. 험난했던 지난 시절, 남편의 사업 부도로 집이 경매로 넘어갈 정도로 어려웠던 세월을 성실과 인내로 이겨 냈다고 하신다.

　보석 같은 두 딸이 건강하게 잘 성장하여 훌륭한 사회의 일꾼이 되어 행복하다고 말하는 그녀의 미소가 빛난다.

학생 기자 인터뷰

자기소개를 해 달라고요?
나는 'U-반딧불' 학생 기자입니다
학교에서 일어난 이런저런 일
학우들의 아름다운 이야기 널리 전합니다
반딧불이 하나둘 모여
어둠 깊은 밤 환한 빛 밝히듯이요

수습기자 시절이오?
두 해를 글쓰기부에서 배우고 많이 썼지요
항상 가지고 다니는 것이오?
주머니에 만년필과 수첩은 항상 가지고 다녀요
언제라도 보고 들은 것은 흘리기 전에 적어야죠
기자에게 중요한 것이오?
항상 기삿거리를 찾기 위해 눈을 크게 뜨고 봐야죠
사랑하는 만큼 보게 되고 알게 되는 것이죠

앞으로 할 일이오?
우리 학교 스타들, 선생님들 인터뷰 예정인데
어물쩍대며 딴청 피우시면 안 됩니다
귓등으로 듣지 않고 진심을 듣고 쓰겠습니다
기레기 되지 않도록 진실을 전하겠습니다

진심, 진실을 전하는 반딧불이 되겠습니다

제29화

코로나 입학식이
엊그제 같은데

2020년은 코로나가 시작된 해였다. 처음 접하는 전염병 코로나로 학교에 나와 공부한다는 것에 두려움이 있었는지 입학생도 35명을 겨우 넘겨 두 반을 편성하였다.

보통 3월 초 입학식을 하는데, 그해는 6월 13일이 되어서야 각 교실에서 입학식을 단출하게 치르고 학교생활이 시작되었다.

입학식 첫날 첫 시간은 자기소개를 하고, '1년 후에 나에게 쓰는 편지'를 작성하여 발표하는 시간을 가졌다. 남편의 권유로 왔다는 분, 소도 키우고 밭농사를 하고 있다는 분, 작년에 남편을 여읜 슬픔을 용기로 바꾸기 위해 왔다는 분, 며느리가 권유해서 왔다는 분, 일하면서도 배움의 한을 풀기 위해 왔다는 분, 공부하려고 새벽 버스 타고 왔다는 분, 서로의 사연을 듣고 손뼉을 치며, 서로를 보듬고 격려하는 아름다운 시작이었다.

첫 만남부터 우아하고 온화한 기품을 지닌 두 분이 눈에 띄었다. 쌍둥이처럼 닮아 1년간 이름이 헷갈렸다. 3년간 결석도 거의 안 하고 공부도 열심히 한 모범생, 호단 님과 영숙 님이다.

아! 입학이 엊그제 같은데 벌써 3학년, 2023년 2월 졸업을 앞두고 있다. 시작이 반이고, 시작이 있으면 끝도 있다.

시작하면

그때 하지 못한 공부
코로나가 두려워
모두들 한발 물러서 있을 때
우리는 용기 내어 나왔어요

그때 하지 못한 공부
코로나가 무서워
지금 나서지 못하면
영영 놓칠 것 같았어요

남편이 아내가 걱정해도
며느리가 아들이 딸들이 걱정해도
늦게라도 공부, 꽃을 피워 보겠다는데
어떻게 우릴 막을 수 있겠어요

걸어온 역사가 우리를 만든 것처럼
오늘 우리의 공부, 한 시간 한 시간이
우리를 더 단단하게 만든다는 걸 알아요

공부, 시작하면
길이 열린다는 걸 알아요
우린 서로를 거울처럼 보고 있어요

제30화

졸업식,
인내는 쓰지만
그 열매는 달다

2022년은 1월 8일, 방송중 4회 졸업식이 있었다. 코로나가 시작된 첫해 졸업식은 교실에서 진행되었는데, 방역 수칙이 조금 완화되어 강당에서 열릴 수 있었다.

졸업사진을 찍을 때조차 마스크를 벗을 수 없어 웃는 얼굴을 볼 수는 없었지만 기쁨과 감격의 눈빛을 서로 뜨겁게 나누었다. 3년 동안, 어찌 포기하고 싶은 순간이 없었겠는가? 용기 내어 입학은 했지만, 집안 사정, 직장 일, 또는 건강상의 이유로 중도에 포기하신 분들도 있어서 참 안타까웠다. 끝까지 참고 인내하며 졸업식에서 웃으시는 분들을 보니 참으로 기쁘고 자랑스럽다.

운동장에서 꽃다발을 들고 기다린 가족들과 졸업사진을 찍는 풍경이 수런수런 행복하다. 차디찬 겨울바람을 따뜻하게 바꿔 버린다.

졸업식 풍경

어머니 여기를 보시고
활짝 웃으세요 하나 둘 셋 찰칵
팔순의 어머니 졸업사진 찍는
육순의 아들 손이 살짝 떨립니다
팔십 평생 한을 풀었다는
어머니 웃음소리 노란 프리지아
꽃다발에 담아 찰칵찰칵 찍습니다

목화꽃 같은 어머니 사랑에
긴 세월 잊고 있었던 어머니의 소원
어머니의 졸업사진을 찍으며
세월의 파도를 헤쳐 온 주름을 지워 봅니다

알록달록 색색의 풍선 아치 앞에서
열여덟 소녀처럼 하하호호
친구들과 어깨동무하는 어머니
함께 가는 인생길 동무들과
다시 한번 인생 사진을 찰칵 찍습니다

어머니, 인생의 졸업할 때까지
다시 도전하는 당신의 출발을 응원합니다

삶의 행복을 꿈꾸는 교육은 어디에서 오는가?

● **교육혁명을 앞당기는 배움책 이야기** 혁신교육의 철학과 잉걸진 미래를 만나다!

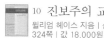

● **비고츠키 선집** 발달과 협력의 교육학 어떻게 읽을 것인가?

생각과 말
레프 세묘노비치 비고츠키 지음
배희철·김용호·D. 켈로그 옮김 | 690쪽 | 값 33,000원

도구와 기호
비고츠키·루리야 지음 | 비고츠키 연구회 옮김
336쪽 | 값 16,000원

어린이 자기행동숙달의 역사와 발달 I
L.S. 비고츠키 지음 | 비고츠키 연구회 옮김
564쪽 | 값 28,000원

어린이 자기행동숙달의 역사와 발달 II
L.S. 비고츠키 지음 | 비고츠키 연구회 옮김
552쪽 | 값 28,000원

어린이의 상상과 창조
L.S. 비고츠키 지음 | 비고츠키 연구회 옮김
280쪽 | 값 15,000원

비고츠키와 인지 발달의 비밀
A.R. 루리야 지음 | 배희철 옮김 | 280쪽 | 값 15,000원

정서학설 I
L.S. 비고츠키 지음 | 비고츠키 연구회 옮김
584쪽 | 값 35,000원

수업과 수업 사이
비고츠키 연구회 지음 | 196쪽 | 값 12,000원

비고츠키의 발달교육이란 무엇인가?
비고츠키교육학실천연구모임 지음 | 412쪽 | 값 21,000원

비고츠키 철학으로 본 핀란드 교육과정
배희철 지음 | 456쪽 | 값 23,000원

비고츠키와 마르크스
앤디 블런던 외 지음 | 이성우 옮김 | 388쪽 | 값 19,000원

성장과 분화
L.S. 비고츠키 지음 | 비고츠키 연구회 옮김
308쪽 | 값 15,000원

연령과 위기
L.S. 비고츠키 지음 | 비고츠키 연구회 옮김
336쪽 | 값 17,000원

의식과 숙달
L.S 비고츠키 | 비고츠키 연구회 옮김
348쪽 | 값 17,000원

분열과 사랑
L.S. 비고츠키 지음 | 비고츠키 연구회 옮김
260쪽 | 값 16,000원

성애와 갈등
L.S. 비고츠키 지음 | 비고츠키 연구회 옮김
268쪽 | 값 17,000원

흥미와 개념
L.S. 비고츠키 지음 | 비고츠키 연구회 옮김
408쪽 | 값 21,000원

정서학설 II
L.S. 비고츠키 지음 | 비고츠키 연구회 옮김
480쪽 | 값 35,000원

관계의 교육학, 비고츠키
진보교육연구소 비고츠키교육학실천연구모임 지음
300쪽 | 값 15,000원

비고츠키 생각과 말 쉽게 읽기
진보교육연구소 비고츠키교육학실천연구모임 지음
316쪽 | 값 15,000원

교사와 부모를 위한 비고츠키 교육학
카르포프 지음 | 실천교사번역팀 옮김
308쪽 | 값 15,000원

혁신학교
성열관·이순철 지음 | 224쪽 | 값 12,000원

행복한 혁신학교 만들기
초등교육과정연구모임 지음 | 264쪽 | 값 13,000원

서울형 혁신학교 이야기
이부영 지음 | 320쪽 | 값 15,000원

대한민국 교사, 어떻게 가르칠 것인가?
윤성관 지음 | 320쪽 | 값 15,000원

아이들을 어떻게 가르칠 것인가
사토 마나부 지음 | 박찬영 옮김 | 232쪽 | 값 13,000원

모두를 위한 국제이해교육
한국국제이해교육학회 지음 | 364쪽 | 값 16,000원

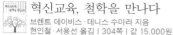 혁신교육, 철학을 만나다
브렌트 데이비스·데니스 수마라 지음
현인철·서용선 옮김 | 304쪽 | 값 15,000원

 경쟁을 넘어 발달 교육으로
현광일 지음 | 288쪽 | 값 14,000원

 혁신교육 존 듀이에게 묻다
서용선 지음 | 292쪽 | 값 16,000원

 핀란드 교육의 기적
한넬레 니에미 외 엮음 | 장수명 외 옮김
456쪽 | 값 23,000원

 다시 읽는 조선 교육사
이만규 지음 | 750쪽 | 값 33,000원

 한국 교육의 현실과 전망
심성보 지음 | 724쪽 | 값 35,000원

 대한민국 교육혁명
교육혁명공동행동 연구위원회 지음
224쪽 | 값 12,000원

 독일의 학교교육
정기섭 지음 | 536쪽 | 값 29,000원

● **경쟁과 차별을 넘어 평등과 협력으로 미래를 열어가는 교육 대전환!** 혁신교육 현장 필독서

 교실 속으로 간 이해중심 교육과정
온정덕 외 지음 | 224쪽 | 13,000원

 교실 속으로 간 이해중심 통합교육과정
온정덕 외 지음 | 224쪽 | 값 15,000원

 포스트 코로나 시대의 교육
성열관 외 지음 | 224쪽 | 값 15,000원

 초등 백워드 교육과정
설계와 실천 이야기
김병일 지음 | 352쪽 | 값 19,000원

 내일 수업 어떻게 하지?
아이함께 지음 | 300쪽 | 값 15,000원

 학습격차 해소를 위한 새로운 도전
보편적 학습설계 수업
조윤정 외 지음 | 240쪽 | 값 15,000원

 학교의 미래,
전문적 학습공동체로 열다
새로운학교네트워크·오윤주 외 지음 | 276쪽 | 값 16,000원

 마을교육공동체란 무엇인가?
서용선 외 지음 | 360쪽 | 값 17,000원

 마을교육공동체
생태적 의미와 실천
김용련 지음 | 256쪽 | 값 15,000원

 강화도의 기억을 걷다
최보길 지음 | 276쪽 | 값 14,000원

 학교폭력, 멈춰!
문재현 외 지음 | 348쪽 | 값 15,000원

 체육 교사, 수업을 말하다
전용진 지음 | 304쪽 | 값 15,000원

 학교를 살리는 회복적 생활교육
김민자·이순영·정선영 지음 | 256쪽 | 값 15,000원

 평화의 교육과정 섬김의 리더십
이준원·이형빈 지음 | 292쪽 | 값 16,000원

 삶의 시간을 잇는 문화예술교육
고영직 지음 | 292쪽 | 값 16,000원

 마을교육과정을 그리다
백윤애 외 지음 | 336쪽 | 값 16,000원

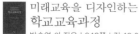 미래교육을 디자인하는
학교교육과정
박승열 외 지음 | 348쪽 | 값 18,000원

 혁신교육지구와 마을교육공동체는
어떻게 만들어지는가?
김태정 지음 | 376쪽 | 값 18,000원

 아이들을 어떻게 가르칠 것인가
사토 마나부 지음 | 박찬영 옮김 | 232쪽 | 값 13,000원

 서울대 10개 만들기
김종영 지음 | 348쪽 | 값 18,000원

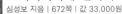

참된 삶과 교육에 관한
생각 줍기